Quick Guide

Reihe herausgegeben von
Springer Fachmedien Wiesbaden
Wiesbaden, Deutschland

Quick Guides liefern schnell erschließbares, kompaktes und umsetzungsorientiertes Wissen. Leser erhalten mit den Quick Guides verlässliche Fachinformationen, um mitreden, fundiert entscheiden und direkt handeln zu können.

Sven Bogatzki

Quick Guide Erfolgreich verhandeln im Einkauf

Wie Sie Ihr Unternehmen auf das nächste Level bringen: die wichtigsten Tools und Expertenwissen für den Einkauf

Sven Bogatzki
Sendenhorst, Nordrhein-Westfalen
Deutschland

ISSN 2662-9240 ISSN 2662-9259 (electronic)
Quick Guide
ISBN 978-3-658-45822-5 ISBN 978-3-658-45823-2 (eBook)
https://doi.org/10.1007/978-3-658-45823-2

Die Deutsche Nationalbibliothek verzeichnet diese Publikation in der Deutschen Nationalbibliografie; detaillierte bibliografische Daten sind im Internet über https://portal.dnb.de abrufbar.

© Der/die Herausgeber bzw. der/die Autor(en), exklusiv lizenziert an Springer Fachmedien Wiesbaden GmbH, ein Teil von Springer Nature 2024

Das Werk einschließlich aller seiner Teile ist urheberrechtlich geschützt. Jede Verwertung, die nicht ausdrücklich vom Urheberrechtsgesetz zugelassen ist, bedarf der vorherigen Zustimmung des Verlags. Das gilt insbesondere für Vervielfältigungen, Bearbeitungen, Übersetzungen, Mikroverfilmungen und die Einspeicherung und Verarbeitung in elektronischen Systemen.
Die Wiedergabe von allgemein beschreibenden Bezeichnungen, Marken, Unternehmensnamen etc. in diesem Werk bedeutet nicht, dass diese frei durch jede Person benutzt werden dürfen. Die Berechtigung zur Benutzung unterliegt, auch ohne gesonderten Hinweis hierzu, den Regeln des Markenrechts. Die Rechte des/der jeweiligen Zeicheninhaber*innen sind zu beachten.
Der Verlag, die Autor*innen und die Herausgeber*innen gehen davon aus, dass die Angaben und Informationen in diesem Werk zum Zeitpunkt der Veröffentlichung vollständig und korrekt sind. Weder der Verlag noch die Autor*innen oder die Herausgeber*innen übernehmen, ausdrücklich oder implizit, Gewähr für den Inhalt des Werkes, etwaige Fehler oder Äußerungen. Der Verlag bleibt im Hinblick auf geografische Zuordnungen und Gebietsbezeichnungen in veröffentlichten Karten und Institutionsadressen neutral.

Planung/Lektorat: Maximilian David
Springer Gabler ist ein Imprint der eingetragenen Gesellschaft Springer Fachmedien Wiesbaden GmbH und ist ein Teil von Springer Nature.
Die Anschrift der Gesellschaft ist: Abraham-Lincoln-Str. 46, 65189 Wiesbaden, Germany

Wenn Sie dieses Produkt entsorgen, geben Sie das Papier bitte zum Recycling.

Vorwort

Einkaufen kann jeder[1]. Das macht man ja schließlich täglich, ob im Supermarkt, im Internet oder auf dem Wochenmarkt. Markt und Preise sind so transparent, dass sich der Verkaufspreis automatisch auf das richtige Niveau einpendelt. Durch Leistungskataloge und Co. entscheidet im Geschäftsleben nicht mehr der Vertriebler über den Preis, sondern die Leistung des Kunden. Und nicht zuletzt dadurch gibt es eine Konditionsgerechtigkeit, sodass Marktteilnehmer immer das erhalten, was ihnen zusteht. Der moderne Einkauf beschäftigt sich vor allem mit der Beschaffung und arbeitet mit ausgeklügelten KI-gestützten Prognoseprogrammen. Persönliche Treffen gehören weitestgehend der Vergangenheit an und dienen vor allem dazu, Prozesse und Schnittstellenarbeit zu optimieren oder schicke Fotos auf den Social Media-Kanälen zu posten.

Das sind Glaubenssätze, denen ich schon oft in meinem Leben begegnet bin. Gerade fachfremde Bereiche hegen und pflegen sie, und manchmal hat es diese Einstellung sogar bis in den Einkauf geschafft.

---

[1] Die verwendeten Personenbezeichnungen im Buch beziehen sich auf alle Geschlechter. Aus Gründen der besseren Lesbarkeit wird aber auf die gleichzeitige Verwendung der Sprachformen männlich, weiblich und divers verzichtet und nur das generische Maskulinum verwendet.

Das ist dann in der Regel daran zu erkennen, dass die Einkaufspreise so hoch sind, dass ein marktgerechter Verkaufspreis unmöglich zu erreichen ist. Die Leistungskataloge der Lieferanten werden dann als unantastbar akzeptiert und dienen als willkommene Ausrede, nicht tätig werden zu müssen.

Das sind schließlich die Unternehmen, die mittelfristig vom Markt verschwinden, da sie ohne marktgerechte Einkaufspreise keine Daseinsberechtigung haben. Und selbst nach dem totalen Kollaps wird oft nur mit den Achseln gezuckt und das Scheitern mit einem schwierigen Marktumfeld begründet. Spätestens da sollte doch den meisten klar werden, dass es daran nicht liegen kann.

Alle müssen kämpfen, und viele schaffen es auch, diesen Kampf für sich zu entscheiden. Die Grundvoraussetzung dafür, die Basis schlechthin, ist ein funktionierender Einkauf, der die Artikel zur richtigen Zeit zum richtigen Ort und vor allem zum richtigen Preis beschafft. Nur dann kann das Marketing effektiv arbeiten. Nur wenn das gegeben ist, kann der Vertrieb die PS richtig auf die Straße bringen.

Dieses Buch zeigt, wie professionelle Verhandlungsführung heute funktioniert. Hier erfahren Sie, wie Sie Verhandlungstechniken effektiv anwenden und wie Sie professionell damit umgehen, wenn diese Techniken bei Ihnen angewendet werden.

Sie lernen, wie sie mit scheinbar unüberwindbaren Hürden wie Leistungskatalogen oder konfrontativen Verhandlungsstilen umgehen und jede noch so schwierige Situation meistern. Denn gerade in Zeiten von maximaler Preistransparenz und globalem Wettbewerb kann sich ein Unternehmen nur behaupten, wenn es über einen effektiven Einkauf verfügt. Verhandlungsführung ist ein Handwerk. Fast jeder kann es lernen, aber die Techniken müssen bekannt sein und immer wieder trainiert werden, bis sie erfolgreich angewendet werden können.

Ich wünsche Ihnen viel Freude mit diesem Buch und vor allem phänomenale Verhandlungserfolge.

Sven Bogatzki

Inhaltsverzeichnis

1	**Die Vorbereitung**	**1**
1.1	Die Basisvorbereitung – Ihre Stärken	2
1.2	Die Stärken der anderen	5
1.3	Die Einwandbehandlung	10
1.4	Die Bumerang-Technik	13
1.5	Unsere Ziele und die Ziele der anderen	16
1.6	Unsere Ziele	17
1.7	Die Ziele der Partner	20
2	**Wie Sie Ihr Gegenüber richtig einschätzen**	**27**
2.1	Die Verkäufertypen	28
2.2	Kulturelle Vielfalt erkennen	31
2.3	Kurz vor der Verhandlung	32
3	**Unterschiedliche Verhandlungsformen**	**35**
3.1	Die Basartechnik	36
3.2	Anker setzen	42
3.3	Das Harvard-Konzept und der kooperative Verhandlungsstil	47
3.4	Sie haben das gleiche Ziel!	52

3.5	Konfrontativer Verhandlungsstil	54
3.6	Reziprozität	57
3.7	Pacing und Leading	59
4	**Aus dem Werkzeugkasten eines erfahrenen Einkäufers**	**63**
4.1	Verfahrene Verhandlungssituationen meistern	64
4.2	Auf zur Messe!	67
4.3	Grundsätzliche Verhandlungstipps	72
4.4	Artikel- und Lieferanten-Clusterung	93
	4.4.1 Lieferanten-Clusterung	93
	4.4.2 Artikel-Clusterung	95
4.5	Trennung von operativem und strategischem Einkauf	97
4.6	Einkaufs-Controlling & Kennzahlen	99
5	**Change-Projekte managen**	**105**
5.1	Das SCARF-Modell	109
5.2	Stakeholder Management	111
5.3	Ihr Projektteam	114
5.4	Framing	115
5.5	Leading from the Future	116
5.6	Der Projektplan – Ressourcenmanagement	118
5.7	Die Umsetzung	119
5.8	Projektabschluss	119
5.9	Achtsamkeit in Change-Projekten	120
Schluss		**123**
Literatur		**125**

Über den Autor

Sven Bogatzki ist Einkaufsexperte und bereits seit über 25 Jahren in verschiedenen Positionen im Einkauf tätig. In der Zeit hat er alle Karrierestufen, vom Assistenten der Einkaufsleitung bis hin zum Geschäftsführer durchlaufen. Er war in produzierenden Unternehmen und bei reinen Importeuren tätig. Im stationären Einzelhandel und im E-Commerce, im Mittelstand und viele Jahre im Konzernumfeld. Seine praktische Erfahrung wird gestützt durch eine Ausbildung zum Diplomierten Einkaufsmanager beim Bundesverband für Materialwirtschaft und Einkauf (BME), eine Ausbildung zum Systemischen Coach am Institut der

Universität zu Köln (INeKO) sowie eine Trainerausbildung bei der IHK Düsseldorf. Diese Kombination aus theoretischem Wissen und enormer praktischer Erfahrung ist wahrscheinlich einzigartig auf dem deutschsprachigen Markt.

1 Die Vorbereitung

> **Was Sie aus diesem Kapitel mitnehmen**
>
> - **Bedeutung gründlicher Vorbereitung:** Eine gründliche Vorbereitung ist unerlässlich, um in Verhandlungen erfolgreich zu sein und optimale Ergebnisse zu erzielen.
> - **Einbindung und Zusammenarbeit im Team:** Fördern Sie den Austausch und die Zusammenarbeit im Team durch gezielte Workshops und Meetings außerhalb des üblichen Arbeitsumfelds.
> - **Klarheit über eigene Stärken und Schwächen:** Erarbeiten und clustern Sie Ihre Stärken und Schwächen systematisch, um gezielt und überzeugend argumentieren zu können.
> - **Analyse des Wettbewerbs:** Untersuchen Sie die Stärken und Schwächen Ihrer Mitbewerber, um sich strategisch besser zu positionieren.
> - **Effektive Präsentation:** Entwickeln Sie professionelle Präsentationen Ihrer Stärken und stellen Sie sicher, dass alle Teammitglieder diese souverän beherrschen.

Eine gute Vorbereitung ist entscheidend. Es ist von größter Wichtigkeit, dass dieser Teil sorgfältig durchgeführt wird und die Kollegen mit einbezogen werden. Hier werden die Grundlagen für jede bevorstehende Verhandlung geschaffen. Ohne diese Grundlagen kann selbst der beste

Verhandlungsführer nur mäßige Ergebnisse erzielen. Wenn die Vorbereitung jedoch mit der erforderlichen Intensität erfolgt, können die Ergebnisse Ihnen helfen, jede noch so schwierige Verhandlungssituation zu meistern.

1.1 Die Basisvorbereitung – Ihre Stärken

Für die Basis sollten Sie sich unbedingt die nötige Zeit nehmen. Wenn Sie ein Team führen, buchen Sie am besten einen Konferenzraum für zwei Tage außerhalb der Firma, planen Sie ein Event mit Abendessen und Übernachtung. Der Austausch mit den Kollegen in entspannter Atmosphäre ist äußerst ergiebig, da hier das Erarbeitete noch einmal besprochen und verinnerlicht wird.

Was muss erarbeitet werden? Das Warum! (Abb. 1.1).

Warum sollten Ihre Partner mit Ihnen zusammenarbeiten? Was hat einige Lieferanten bisher davon abgehalten, Ihnen Top-Konditionen zu bieten, und wie können Sie diese Bedenken ausräumen?

Diese Fragen sind entscheidend in jeder Verhandlung. Nur wenn diese Fragen klar sind und beantwortet werden können, können Sie andere von der Idee überzeugen. Welchen Mehrwert bietet Ihr Unternehmen für Sie? Auch das muss geklärt sein. Nur wenn Sie diese Frage für sich sinnvoll beantworten können, werden Sie die Verhandlungen mit vollem Elan führen.

Auch wenn Sie in der Verhandlung maximal drei Argumente benötigen, um Ihren Partner zu überzeugen, sollten Sie alle kennen. Jeder Ihrer Partner wird unterschiedliche Bedürfnisse, Wünsche und Anforderungen haben. Es ist wichtig, dass Sie immer die passende Lösung parat haben. Am besten clustern Sie die Vorteile, damit neue Kollegen es einfacher haben (Abb. 1.2).

A-Cluster – Ihre absoluten Stärken
Diese Argumente sind überzeugend für Ihre Partner, Sie erfüllen sie in hohem Maße und heben sich damit von vielen Wettbewerbern ab. Diese Punkte sollten in jeder Verhandlung präsentiert werden.

1 Die Vorbereitung

Abb. 1.1 Die Vorbereitung.[1] (Quelle: Eigene Abbildung)

Platzieren Sie sie prominent und hochwertig in Ihren Präsentationsunterlagen, möglicherweise auch in Handouts. Diese Präsentationsunterlagen sollten zentral im Einkauf erstellt und jederzeit für jeden Einkäufer abrufbar sein. Jeder Kollege im Einkauf sollte sie in- und auswendig kennen. Diese Stärken sind wertvoll, und Sie können dafür entsprechende Preisvorteile erwarten.

---

[1] Die Illustrationen in diesem Buch wurden mit der Software Canva erstellt. Für den Inhalt ist der Autor verantwortlich.

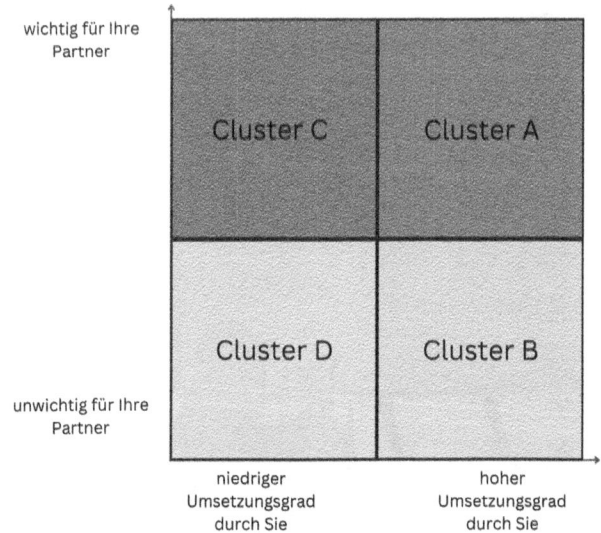

Abb. 1.2 Cluster Wichtigkeit – Umsetzungsgrad. (Quelle: Eigene Abbildung)

Cluster B – gut für Sie, unerheblich für die anderen
Sie machen etwas sehr gut, aber es wird nicht wirklich honoriert, da es für Ihre Lieferanten nicht entscheidend ist oder sie keinen entscheidenden Vorteil erkennen können. Diese Punkte können Sie auf einer Folie präsentieren. Verwenden Sie nicht zu viel Zeit darauf, sonst riskieren Sie, dass Ihre Partner das Interesse verlieren und die wirklich wichtigen Punkte untergehen (Cluster A).

Cluster C – Schmerzpunkte
Diese Leistungen sind für Ihre Lieferanten sehr wichtig. Da Sie sie kaum erfüllen, sind Sie als Partner unattraktiv. Hierbei handelt es sich also um Punkte, die Sie unbedingt schnell angehen sollten. Solange Sie diese Punkte nicht erfüllen, sollten Sie es möglichst vermeiden, sie anzusprechen. Sollte das Thema dennoch zur Sprache kommen, was wahrscheinlich ist, sollte jeder Kollege eine Antwort darauf parat haben. In manchen Fällen ist es möglich, die Notwendigkeit der Leistung zu relativieren, indem Sie akzeptable Alternativen anbieten. Denken Sie darüber nach.

Cluster D – Streichkandidaten
Diese Argumente sind eigentlich keine. Sie erfüllen sie nicht und Ihr Lieferant erwartet auch nicht unbedingt, dass sie umgesetzt werden. Streichen Sie sie von der Liste.

Diese Basisvorbereitung sollte mindestens einmal im Jahr durchgeführt werden. Neue Kollegen müssen diese entscheidende Grundlage ebenfalls sofort für sich erarbeiten. Dies ist die wichtigste Grundlage für Ihren Erfolg!

Wenn Sie Ihre Stärken erarbeitet haben, bringen Sie sie in eine Präsentation. Wenn das nicht Ihre Stärke ist, lassen Sie die Präsentation erstellen, sie muss perfekt sein! Stellen Sie die gesammelten Vorzüge, also das, was Ihr Unternehmen besonders macht, den Kollegen vor. Diskutieren Sie die Vorteile immer wieder, lassen Sie sie sich von jedem Einzelnen noch einmal erklären. Es sollte keinen Kollegen geben, der diese Präsentation nicht im Schlaf aufsagen kann.

Sobald Sie das Gefühl haben, dass es jeder verstanden hat, sollte diese Präsentation jedem Lieferanten vorgestellt werden.

1.2 Die Stärken der anderen

Das gemeinsame Erarbeiten der eigenen Stärken ist das Wichtigste überhaupt für eine erfolgreiche Verhandlung. Niemand interessiert sich für Verlierer oder für ein durchschnittliches Unternehmen. Sie müssen herausfinden, was Ihr Unternehmen besonders macht. Sie müssen sicherstellen, dass dies alle Kollegen verstehen. Jeder muss stolz darauf sein, was Ihr Unternehmen ausmacht.

Der nächste Schritt ist eine Analyse dessen, was andere besser machen als Ihr Unternehmen. Schauen Sie sich andere Firmen an. Die aus Ihrer Branche sollten Sie auf jeden Fall analysieren. Was macht der Wettbewerber richtig gut? Was macht er besser als Sie? Sammeln Sie alle Punkte, die Ihnen auffallen und stellen Sie zu jedem Punkt folgende Fragen:

- Bietet dieser Punkt einen entscheidenden Vorteil für Ihre Kunden?
- Bietet dieser Punkt einen entscheidenden Vorteil für Ihre Lieferanten?
- Bietet dieser Punkt einen entscheidenden Vorteil für Ihre Prozesse?

Wenn keiner der drei Punkte zutrifft, ist es kein relevanter Vorteil. Legen Sie den Punkt beiseite. Trifft einer der Punkte zu, setzen Sie ihn auf die „Nice to have"-Liste.

Schauen Sie sich auch erfolgreiche Anbieter an, die nicht in direktem Wettbewerb zu Ihnen stehen. Oft kann man sich den entscheidenden Vorsprung sichern, wenn man der Erste ist, der ein erfolgreiches Konzept für sich adaptiert. Wenn Sie diese Analyse gründlich durchführen, erhalten Sie eine sehr lange Liste mit Zielen.

Jetzt kommt der schwierige Teil. Niemand hat unbegrenzte Ressourcen, daher muss als nächstes die Clusterung nach Aufwand und erwartetem positiven Effekt erfolgen. Sie schätzen ein, was verändert werden muss und wie das Projekt aussehen soll, um das Ziel zu erreichen.

- Können wir es mit internen Ressourcen bewältigen oder benötigen wir externe Hilfe?
- Haben die involvierten Abteilungen ausreichend Kapazitäten?
- Greifen wir bei verschiedenen Projekten immer auf die gleiche Ressource zurück und überlasten damit die Mitarbeiter?

Teilen Sie die Ziele auf vier Bereiche auf (Abb. 1.3).

Cluster A – die Top-Ziele
Diese Punkte bringen Sie wirklich weiter, und die Umsetzung ist relativ einfach. Starten Sie damit und priorisieren Sie die Umsetzung. Alle anderen Punkte sollten hierfür erst einmal hinten angestellt werden, sofern dafür intern die gleichen Ressourcen benötigt werden.

Cluster B – langfristig erstrebenswert
Diese Fähigkeiten zu besitzen, würde einen entscheidenden Vorteil bringen. Die Umsetzung ist jedoch sehr teuer und aufwendig. Denken Sie über günstigere Alternativen nach. Es gibt fast immer einen

1 Die Vorbereitung

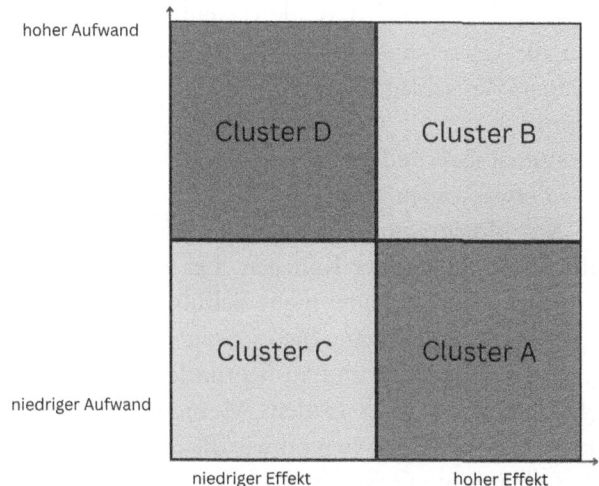

Abb. 1.3 Cluster Aufwand – Effekt. (Quelle: Eigene Abbildung)

Lösungsansatz, der die Anforderungen zwar nicht zu 100 % erfüllt, aber die 80/20-Hürde locker schafft.

Cluster C – ok, wenn Zeit dafür ist
Diese Fähigkeiten sind einfach zu erlangen, bringen aber auch nicht viel. Sofern Sie für die Umsetzung nicht auf Ressourcen zurückgreifen müssen, die gerade voll ausgelastet sind, sollten Sie diese Punkte angehen.

Cluster D – Streichkandidaten
Die Umsetzung ist mit sehr hohem Aufwand verbunden und bringt wenig. Entfernen Sie die Punkte von der Liste. Ziele mit hohem Aufwand und niedrigem Effekt werden nicht weiter verfolgt.

Am interessantesten sind alle Projekte, die einen hohen Effekt bringen und mit geringen Mitteln umzusetzen sind. Auch hier ist es entscheidend, die Kollegen einzubinden. Es ist wichtig, dass jeder versteht, warum ein Projekt mit hoher Priorität und eventuell mit Überstunden zügig umgesetzt werden muss.

Es ist aber genauso wichtig, dass alle verstehen, warum es einige Projekte nicht in die Umsetzung geschafft haben. Nichts frustriert mehr, als sich mit einem Vorschlag einzubringen und dann nie wieder etwas davon zu hören.

Ich durfte einmal externe Berater erleben, die bei jedem Kommentar der Kollegen so etwas sagten wie: „Gut, dass sie das sagen!" oder „Guter Punkt!". Die Abschlusspräsentation stand jedoch bereits, und am Ende sah ich in die leeren Augen der Kollegen. Da war das vorher besuchte Rhetorikseminar der Berater leider nicht zielführend.

Es ist immer besser, Vorschläge, die es nicht in die Umsetzung schaffen, noch einmal aufzugreifen und zu begründen, warum man sich dagegen entschieden hat. Das ist in dem Moment zwar unangenehmer, aber auf Dauer nicht so demotivierend wie die andere Variante.

Lohnende Ziele könnten sein:

- Verbesserung der Warenbeschaffung durch einen Wechsel des EDI-Anbieters (Prozessoptimierung)
- Verbesserung der Reporting-Struktur (Prozessoptimierung)
- Verbesserung der Kundenzufriedenheit (z. B. durch eine zusätzliche Produktschulung des Kundenservice durch den Einkauf, zusätzliches Personal im Vertrieb, kleine Gratisartikel als Beigabe, eine auf die Zielgruppe besser abgestimmte Ansprache)
- Verbesserung der Produktqualität (z. B. durch Verwendung von alternativem Material, die Kontrolle einer größeren Stichprobe vor Verschiffung, eine hochwertigere Verarbeitung)
- Preisführerschaft durch einen konsequenten Design to Value-Ansatz.

Erstellen Sie in Zusammenarbeit mit Ihrem Team eine Roadmap. Wann startet ein Projekt, wann endet es? Setzen Sie bei größeren Projekten Meilensteine, um rechtzeitig festzustellen, wenn es irgendwo klemmt.

Es wird wahrscheinlich in jedem Unternehmen eine sehr lange „Nice to have"-Liste geben. Wenn man den Fokus auf die wichtigen und einfach umzusetzenden Ziele legt und die Kollegen eingebunden hat, ist der Wow-Effekt meistens riesig. Sie werden sich wundern, wie schnell es vorangeht.

Training und Umsetzung
Da die Erarbeitung und Clusterung der eigenen Stärken und Schwächen sowie die Erstellung eines Projektplans so wichtig ist, empfehle ich dringend, hierzu einen erfahrenen Coach zu engagieren, um strukturiert zu starten. Die Relevanz, die eigenen Stärken zu kennen und auch auszuspielen, ist wahrscheinlich jedem im Unternehmen bewusst. Dennoch erhält man nur selten befriedigende Antworten, wenn man genau danach fragt. Ein Workshop über zwei Tage mit den richtigen Kollegen bringt Sie oft schon auf den richtigen Weg.

In manchen Firmen mit einem langen Leidensweg kann es bei so einem Workshop allerdings vorkommen, dass es schwerfällt, in einen produktiven Modus zu kommen. Aus Sicht der Kollegen gibt es einfach keine Stärken, die das eigene Unternehmen besonders machen.

In diesem Fall empfiehlt sich die Kopfstandmethode.

Fordern Sie die Kollegen auf, nur die Schwächen aufzulisten. Was läuft alles richtig mies? Danach fordern Sie die Kollegen auf, sich zu überlegen, wie man es noch schlechter machen könnte. Also so, wie es die schlechteste Firma mit der miserabelsten Führung, den demotiviertesten Kollegen und den schlechtesten Produkten machen würde.

Das wird in diesem Fall wahrscheinlich eine lange Liste werden, da diese negativen Denkmuster schon lange vorherrschen. Diese Art des umgekehrten Brainstormings hilft, etwas Schwung in die Sache zu bringen. Es wird allen sogar Spaß machen, sich vollkommene Katastrophenszenarien auszudenken. Wenn alles genannt wurde, wird überlegt, was die eigene Firma besser macht. Wie könnte die eigene Firma noch besser werden, um sich weiter von der schlechtesten Firma der Welt abzugrenzen?

Jetzt wird einiges kommen, und dann heißt es nur noch Gas geben und die Konkurrenz hinter sich lassen.

Was könnte Ihre Firma bieten?

Machen Sie sich Gedanken und schreiben Sie alle Punkte auf, die Ihnen einfallen (Abb. 1.4).

Abb. 1.4 Ihre Stärken. (Quelle: Eigene Abbildung)

1.3 Die Einwandbehandlung

Eine Verhandlung kann nicht bis ins kleinste Detail vorbereitet werden. Selbst wenn man den Gesprächspartner gut kennt, seine Ziele versteht und alle Verhandlungsinhalte im Vorfeld diskutiert hat, wird das Gespräch selten genau so verlaufen, wie man es sich vorgestellt hat. Alltagsprobleme wie familiäre Herausforderungen, Verkehrsstress oder unerwartete Entwicklungen in der Wirtschaft können die Stimmung des Gesprächspartners und somit den Verlauf der Verhandlung beeinflussen.

Dennoch ist es wichtig, auf einige Standardeinwände vorbereitet zu sein. Es ist empfehlenswert, diese Einwände in einer Gruppe mit allen

Beteiligten zu besprechen und mögliche Antworten zu erarbeiten. Das hat mehrere Vorteile:

- Man erkennt, dass man mit seinen Problemen (den Einwänden) nicht allein ist.
- Es gibt immer den einen Kollegen, der schon einmal eine gute Antwort auf ein bestimmtes Problem gefunden hat.
- Unterschiedliche Kollegen bieten oft verschiedene gute Antworten.
- Jeder kann dann die Antwort wählen, die am besten zu ihm passt, und die Formulierung für sich anpassen. Punkt 3 ist dabei besonders wichtig: Die Antworten sollten nicht einfach übernommen und auswendig gelernt werden. Der Partner merkt das. Vielmehr muss der Inhalt der Antwort verstanden und verinnerlicht sein. Man muss selbst an das glauben, was man dem Einwand entgegenstellt, und ihn mit eigenen Worten kontern.

Es geht bei der Einwandbehandlung nicht darum, das Argument des Verhandlungspartners zu widerlegen. Wenn man versucht, dem Gegenüber zu signalisieren, dass er keine Ahnung hat, führt das selten zum Erfolg. Es ist daher nicht sinnvoll, genervt zu reagieren, wenn man etwas wirklich Ärgerliches gehört hat. Besser ist es, kurz auf das Argument einzugehen und die Diskussion in eine produktivere Richtung zu lenken.

Hier sind einige Beispiele von Einwänden aus meiner Erfahrung als Einkäufer und mögliche Reaktionen darauf:

Beispiel 1

Verkäufer (V): „Wir zahlen bei Ihrem Mitbewerber viel weniger für Werbemaßnahmen."

Einkäufer (E): „Zu Recht! Mehr würde ich bei deren Leistung auch nicht zahlen. Wichtig ist, Äpfel nicht mit Birnen zu vergleichen. Sie erhalten hier ein Premiumpaket mit folgenden Vorteilen: Vorteil A/B/C. Welcher dieser Vorteile ist für Sie besonders interessant?"

Beispiel 2

V: „Wir können noch keinen genauen Liefertermin nennen. Die Produktionskette in China wurde durchgeschüttelt."
E: „Mir ist das Problem bewusst, und wir brauchen eine Lösung. Wir haben Lagerplatz und Budget für diesen Artikel reserviert, und der Umsatz ist geplant. Wenn der Artikel nicht rechtzeitig kommt, bedeutet das für uns einen erheblichen wirtschaftlichen Schaden, den wir nicht allein tragen können. Wie beteiligen Sie sich, wenn Sie nicht rechtzeitig liefern?"

Beispiel 3

E: „Um das Geschäft abzuschließen, benötigen wir einen Preis von 9,45 USD."
V: „Das ist unmöglich! Das liegt 30 % unter dem regulären Preis!"
E: „Ich verstehe, dass Sie unter anderen Umständen diesen Preis verlangen. In diesem Fall kommen wir jedoch nur weiter, wenn wir uns von dem trennen, was unter anderen Umständen war."
V: „Wir können auf keinen Fall so weit runtergehen."
E: „Was ist denn möglich?" (Annäherung an das Ziel)
V: „9,95 US$, mehr geht nicht."
E: „Wir sind immer noch sehr weit von einer Einigung entfernt. Für uns zählt jeder Cent."
V: „Mehr geht wirklich nicht."
E: „Lassen Sie uns den Rahmen schaffen, der eine neue Zusammenarbeit ermöglicht. Was ist für Sie neben dem Preis noch interessant?" (Vorschläge zu Rahmenbedingungen und Gegenleistungen einbringen)

Wenn der Verkäufer weiterhin blockiert, können Beispiele für weitere Möglichkeiten wie Mengen, Zahlungs- oder Lieferbedingungen eingebracht werden.

Es ist wichtig, am Anfang keinen Gegenwert für einen Nachlass anzubieten. Dies erfolgt erst im zweiten Schritt, wenn der Verkäufer nicht nachgibt. Zudem ist es wichtig, jeden einzelnen Punkt separat zu bewerten. Welchen Nachlass erhält man für eine höhere Menge, welche für andere Lieferbedingungen und welche für neue Zahlungsbedingungen?

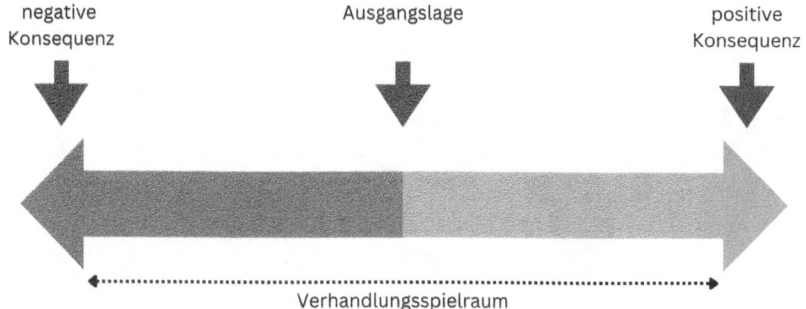

Abb. 1.5 Verhandlungsspielraum. (Quelle: Eigene Abbildung)

Möglich ist, dem Verkäufer positive Gegenleistungen und/oder negative Konsequenzen anzubieten. Gerade wenn man auf die Ware nicht vollständig verzichten kann, ist es oft sinnvoll, das Pendel in beide Richtungen ausschwingen zu lassen (Abb. 1.5).

Beispiel 4

V: „Wir arbeiten grundsätzlich mit dem Zahlungsziel 14 Tage netto!"
E: „Ich kann verstehen, dass das unter normalen Bedingungen für Sie Sinn ergibt. In diesem Fall kommen wir so jedoch nicht weiter."
V: „Davon kann ich nicht abweichen!" (harter Block)
E: „Dieses Zahlungsziel bedeutet für uns, dass wir die gesamte Ware vorfinanzieren müssten. Das heißt, wir können dadurch deutlich weniger Ware als ursprünglich geplant abnehmen." (negative Konsequenz)
V: „Ausnahmsweise wären 30 Tage auch in Ordnung."
E: „Ein längeres Zahlungsziel würde uns ermöglichen, bereits einige Artikel zu verkaufen, bevor wir zahlen. Das würde uns ermöglichen, größere Mengen als ursprünglich geplant zu kaufen." (positive Gegenleistung)

1.4 Die Bumerang-Technik

Ein sehr hilfreiches und effektives Werkzeug zur Behandlung von Einwänden ist die Bumerang-Technik (Abb. 1.6). Hierbei wird der Einwand des Lieferanten aufgegriffen und als Argument für das eigene Ziel genutzt.

Abb. 1.6 Bumerang. (Quelle: Eigene Abbildung)

Beispiel 1

V: „Wir sind bereits bei den größten Händlern vertreten und benötigen daher keine weiteren Vertriebskanäle."

E: „Eben weil Sie bereits breit vertreten sind, ist es doch interessant, unsere Möglichkeiten mit Ihrem Portfolio zu vergleichen. Wir bieten eine einzigartige Sichtbarkeit und eine riesige Reichweite! Wie klingt das für Sie?"

> **Beispiel 2**
> V: „Auf diese Preisvorstellung können wir nicht eingehen! Das haben wir noch nie gemacht!"
> E: „Genau deshalb ist es sinnvoll, darüber nachzudenken, was passiert, wenn wir uns einig werden. Wir bieten eine riesige Menge und eine langfristige Zusammenarbeit! Was ist für Sie besonders interessant, wenn wir unsere Zusammenarbeit ausbauen?"
> Der Bumerang wird mit Formulierungen wie „Genau deshalb ...", „Genau darum ..." oder „Und genau aus diesem Grund ..." eingeleitet. Danach folgen zwei bis drei Argumente und eine offene Frage, um das Gespräch in die richtige Richtung zu lenken.

> **Training und Umsetzung**
> Erarbeiten Sie mit Ihren Kollegen eine Liste und finden Sie Antworten auf die Einwände, die immer wiederkommen. Wenn man keine Antwort auf einen Einwand findet und dieser bei jeder zweiten Verhandlung der „Dealbreaker" ist, sollte man die Lösung schleunigst auf die „Nice to have"-Liste setzen und deren Umsetzung priorisieren. In der Regel gibt es jedoch selten echte „Totschlagargumente", für die keine gute Antwort gefunden werden kann.
> Gehen Sie die Verhandlungen des letzten Jahres durch. Welche Einwände wurden von Ihren Verhandlungspartnern vorgebracht? Jeder Einwand wird zunächst notiert, ohne dass ein passendes Gegenargument oder eine Einwandbehandlung diskutiert wird. Erstellen Sie eine Liste mit allen tatsächlichen Einwänden.
> Jetzt notieren Sie, wie damals auf den Einwand reagiert wurde und schreiben die Einwandbehandlung in eine weitere mit dem Einwand verknüpfte Liste. War die Einwandbehandlung erfolgreich, wird sie in grüner Schrift aufgeschrieben. Führte sie nicht zum Abbruch des Gesprächs, aber konnte auch nicht dazu beitragen, den Einwand komplett hinfällig zu machen, dann wird die Einwandbehandlung in gelber Farbe aufgeschrieben. Führte der Einwand trotz Einwandbehandlung zum Abbruch der Verhandlung, dann nutzen Sie Rot (vgl. Abb. 1.7).

Die Bewertung (Grün, Gelb, Rot) übernimmt ausschließlich der Kollege, der diese Einwandbehandlung damals verwendet hat.

Nun kommen alle anderen Kollegen ins Spiel. Welche alternativen Einwandbehandlungen könnte es noch geben? Notieren Sie jeden

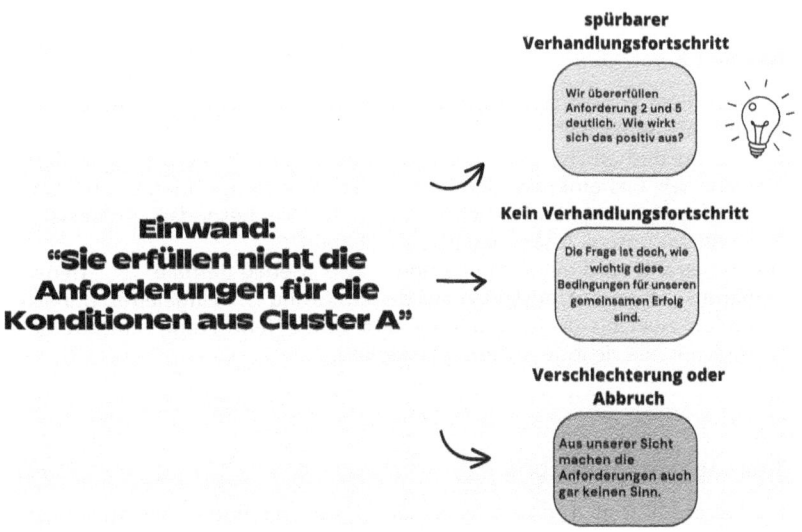

Abb. 1.7 Einwände. (Quelle: Eigene Abbildung)

Vorschlag und diskutieren, ob er in diesem konkreten Fall zielführend gewesen wäre.

Nun sind mögliche zukünftige Einwände an der Reihe.

Was könnte ihr Verhandlungspartner zukünftig noch gegen ihre Vorschläge sagen? Gehen Sie jetzt genauso vor. Notieren Sie zunächst alle möglichen Einwände und dann alle möglichen Einwandbehandlungen.

Durch dieses Vorgehen erarbeiten Sie eine Vielzahl von Möglichkeiten, und jeder Kollege kann sich die für ihn passendste heraussuchen.

Diese Vorbereitung sollte einmal im Jahr im Kreis der Kollegen stattfinden. Neue Kollegen erhalten ein Training von einem der erfahrensten Kollegen.

1.5 Unsere Ziele und die Ziele der anderen

Jetzt wird es ernst! Die nächste große Verhandlung steht vor der Tür (vielleicht üben Sie erst einmal mit kleineren Partnern …).

1.6 Unsere Ziele

Jeder muss wissen, was er erreichen will, und seine Ziele kennen. Es ist wichtig, dass die eigenen Ziele auch die des Chefs sind. Umgekehrt müssen die Mitarbeiter die gleichen Ziele haben wie der Chef.
Und nicht zuletzt muss geklärt sein, welche Kompetenzen der Verhandlungsführer hat, also man selbst: Darf man die Verhandlungen abschließen? Wenn ja, wann? Bei 1,2 % Verbesserung? Oder erst bei 1,6 %? Oder erst bei 10 %? Welche Zugeständnisse kann man im Gegenzug machen? Wie hoch ist das Budget? Diese Fragen müssen zwingend im Vorfeld geklärt werden, damit die Verhandlungen souverän zu Ende geführt werden können. Mögliche Ziele und Fragen, die vorher beantwortet werden sollten:

Senkung des Einkaufspreises

- Bei gleicher Qualität? Wenn nicht zwingend, wo sind die Grenzen?
- Bei gleicher Menge? Wenn nicht zwingend, wie hoch ist das Budget, und welche Lagerumschlagsgeschwindigkeit ist minimal?
- Bei gleichen Lieferbedingungen? Wenn nicht, was ist möglich?
- Bei gleichen Zahlungszielen?
- Wäre es auch möglich, den Vorteil durch nachgelagerte Konditionen (z. B. einen umsatzabhängigen Bonus) zu erzielen? Das geht oft leichter, da die Kondition an eine Bedingung oder ein gemeinsames Ziel geknüpft ist und der Verkäufer eine weitere Gegenleistung erhält.
- Wie sollten Ausstiegsklauseln für größere Deals aussehen? Muss man sich von Mengen zurückziehen können, wenn sich die Marktlage ändert, oder geht man zugunsten eines besseren Preises das volle Risiko ein?

Verbesserung der Liefertreue

- Darf man durch Vorbestellungen ins Risiko gehen?
- Müssen Strafzahlungen mit dem Lieferanten bei Verzögerungen vereinbart werden?

- Wie hoch ist der Schaden, wenn die Liefertreue nicht den Erwartungen entspricht? Steht dann die ganze Produktion still oder kann man ohne Weiteres substituieren?
- Wie kann man die Liefertreue messen? Ist alles klar geregelt oder kann es auch zu Problemen durch eigene Prozesse und Schnittstellen kommen (z. B. keine freien Slots im Logistikzentrum)?

Verbesserung der Zahlungsziele

- Was ist branchenüblich?
- Kann man bei großen Deals auch mit einer Valuta arbeiten? (Das ist oft einfacher durchzusetzen.)
- Kann man mit Delkredere arbeiten? Gibt es bereits bestehende Verträge?
- Wie ist die aktuelle Bonität? Ist es sinnvoll, den Lieferanten auf dieses Thema aufmerksam zu machen? In schwierigen Zeiten kann das auch nach hinten losgehen und plötzlich steht eine Anfrage zur Zahlung per Vorkasse im Raum.

Verbesserung der Qualität

- Bei gleichem Einkaufspreis oder gibt es Verhandlungsspielraum?
- Kann/darf man den Produzenten wechseln oder gibt es langfristige Verträge?
- Was sind die vertraglichen Ausstiegsklauseln?
- Wie hoch sind die Folgekosten für die derzeit geringere Qualität (Retourenquote, Schadensersatzansprüche usw.)?

Verbesserung der nachgelagerten Konditionen

- Welches Risiko kann man bei umsatzabhängigem Bonus eingehen?
- Welche Gegenleistung kann man bei Werbekostenzuschüssen geben?
- Wie hoch ist das Ausfallrisiko des Partners?

- Nachgelagerte Konditionen wie ein Jahresbonus werden oft erst am Jahresende ausgezahlt. Bei einer Insolvenz gibt es in der Regel fast nichts mehr.
- Ist es möglich, eine unterjährige Auszahlung zu vereinbaren?

Verbesserung der Lieferbedingungen

- Ist es für den Partner möglich und sinnvoll, andere Lieferbedingungen zu vereinbaren?
- Ist die Logistikabteilung in der Lage, Aufträge z. B. per FOB (z. B. ab einem Hafen in China) statt DDP (frei Haus) abzuwickeln? Wenn ja, zu welchem Preis?
- Kann in der nächsthöheren Einheit bestellt werden? Karton – Palette – LKW – unpalettierter LKW – 20"-Container – 40"-Container – 40"-HC?
- Wie hoch sind die internen Kosten für das Handling der einzelnen Einheiten?

In jedem Unternehmen gibt es unterschiedliche Verhandlungsziele und Fragen zu den Zielen. Es ist empfehlenswert, die grundlegenden Leitlinien einmal gemeinsam zu erarbeiten und in einem Schulungsdokument festzuhalten. Was geht gar nicht? Was ist immer möglich? Vor jeder Verhandlung muss dann noch unbedingt der Rahmen für diese konkrete Verhandlung festgelegt werden. Was genau sind die Minimalziele, die nicht unterschritten werden dürfen? Wofür wird man gefeiert, wenn man es erreicht?

> **Wichtig: Ziele müssen realistisch sein!** Manche Chefs neigen zu utopischen Zielen, die nie erreicht werden können. „Zwanzig Prozentpunkte sind das Mindeste!" Das bringt nichts! Im Gegenteil: unrealistische Ziele demotivieren. Wenn die „Mondziele" dann noch mit übertriebener „Management by Results"-Führung kombiniert werden, ist die Motivation dahin. Schneller kann man den Kollegen die Lust am Verhandeln nicht nehmen.

Um die Kollegen zu motivieren, sollte man mit ihnen ihr Warum erarbeiten. Warum lohnt es sich, für das Unternehmen zu kämpfen? Was hat der Mitarbeiter davon? Das bringt etwas! Überlegen Sie gemeinsam vorher, was wirklich drin sein sollte. Die Minimalziele müssen erreichbar sein, sonst frustriert das nur. Bei den Maximalzielen können Sie ruhig mutig sein. Oft erreicht man mehr, als man sich vorher zugetraut hat, wenn man es einfach versucht.

1.7 Die Ziele der Partner

Bei den Zielen der Verhandlungspartner sind die Klassiker der Umsatz, die Listung von Neuheiten und die Klärung von Problemen. Jeder Vertriebler hat in der Regel eines der oben genannten Ziele.

Es gibt aber noch viele weitere Motive, die bei jedem Verhandlungspartner unterschiedlich ausgeprägt sein können. Hier einige Beispiele:

Sicherheit
Es soll ein langfristiges, planbares Geschäft aufgebaut werden. Um dieses Bedürfnis zu befriedigen, eignen sich verbindliche Prognosen, Zuverlässigkeit und klar definierte Rahmenbedingungen, um Überraschungen zu vermeiden.

Joberhalt
Das ist die defensive und kurzfristige Variante des Sicherheitsbedürfnisses. In diesem Fall steht der Verkäufer mit dem Rücken zur Wand, weil es bei ihm oder seinem Unternehmen derzeit nicht gut läuft. Auch hier helfen langfristige Zusagen. Allerdings sollte man darauf achten, möglichst wenig in nachgelagerte Konditionen zu investieren oder diese nicht erst am Jahresende abzurechnen, um im Falle einer Insolvenz nicht zu viel abschreiben zu müssen. Hier können durch Großaufträge erhebliche Rabatte erzielt werden, das Risiko ist jedoch entsprechend hoch.

Anerkennung und Wertschätzung
Das sind nicht zu unterschätzende Treiber. Jeder Mensch strebt danach, wenn auch in unterschiedlicher Ausprägung. Wenn dieses Bedürfnis

stark ausgeprägt ist, ist es wichtig, die Leistungen des Partners genau zu kennen und zu würdigen. Was ist für ihn wichtig?
Ist es die Qualität seiner Produkte oder die Qualität seiner Arbeit? Was hebt ihn von anderen ab? Das sollte im Gespräch erwähnt werden. Darüber hinaus sollte man eine Steigerung der Anerkennung in Aussicht stellen, wenn bei der Zusammenarbeit alles rund läuft. „Hut ab, wenn Sie das schaffen!"

Empfehlungen
Heute sind Empfehlungen im B2C-Geschäft entscheidend, und auch im B2B-Bereich wird oft die Meinung des vermeintlichen Wettbewerbers eingeholt. Man kennt sich ja … Versprechen Sie Ihrem Verhandlungspartner, dass Sie ein gutes Wort für ihn einlegen werden, wenn alles so läuft, wie es soll.

Externer Wettkampf
Ein mächtiger Treiber, der fast immer vorhanden und bedient werden sollte, ist der Wunsch, besser zu sein als der direkte Wettbewerber. Wer ist der größte Konkurrent des Verhandlungspartners? Ist er die Nummer eins, die gejagt wird und Angst vor der Nummer zwei hat? Oder ist er die Nummer zwei und will an die Spitze? Finden Sie heraus, wer Ihren Gesprächspartner am meisten beschäftigt, und bringen Sie ihn ins Spiel.

Interner Wettkampf
Ein wichtiger Aspekt, der oft übersehen wird, ist der interne Wettkampf in Unternehmen. Der Verhandlungspartner ist wahrscheinlich nicht der einzige Key Account Manager in seinem Konzern. Es gibt kontinuierlich Beurteilungen und Leistungsvergleiche. Finden Sie heraus, womit er sich intern auszeichnen kann. Neben dem Umsatz gibt es oft weitere wichtige Punkte für ihn, die einfach umgesetzt werden können, aber teuer verkauft werden sollten.

Sichtbarkeit und Reichweite
Wenn man ein unbekanntes Produkt ohne zusätzliche Werbung bei Amazon einstellt, passiert normalerweise gar nichts. Man hat also die Wahl, Amazon seinen gesamten Gewinn zu überlassen, um sichtbar zu

werden, oder die eigene Marke und das Produkt so bekannt zu machen, dass Kunden aktiv danach suchen. Die Platzierung und Sichtbarkeit des eigenen Angebots sollte daher zu einem angemessenen Preis verkauft werden. Hier ist ein Modell verschiedener Qualitätsstufen von Platzierung und Sichtbarkeit hilfreich, um den unterschiedlichen Bedürfnissen gerecht zu werden.

Anzahl der Stellplätze
Sollten Sie über stationäre Verkaufsflächen verfügen, dann ist die Anzahl der Stellplätze für den Partner entscheidend. Limitieren Sie die Fläche und machen Sie sie dadurch wertvoller. Jeder Stellplatz muss sich rentieren, und der Lieferant ist dafür verantwortlich, dass das bei seinen Produkten der Fall ist. Im Idealfall wird bereits im Vorfeld gemeinsam festgelegt, was mindestens erreicht werden muss. Andernfalls diskutiert man nachträglich über eine Kompensation, wenn das Ergebnis unbefriedigend ist.

Qualität der Stellplätze
Es gibt besondere Premiumplatzierungen. Wenn der Partner in einer besonderen Lage platziert sein möchte, dann sollte dies entsprechend honoriert werden.

Zuverlässigkeit und Vertrauen
Das Bedürfnis nach gegenseitigem Vertrauen und Zuverlässigkeit ist bei den meisten Menschen stark ausgeprägt. Es ist für jeden Partner wichtig und sollte auch immer Teil Ihrer Kommunikation sein (natürlich sollten Sie auch dementsprechend handeln).

Einfache Handhabung
Wenn Sie Ihre Aufträge per Fax versenden oder eine Palettenhöhe von maximal 1,10 m verlangen, sind Sie wahrscheinlich nicht der Lieblingspartner Ihres Lieferanten. Wenn Sie aber ein einfacher Kunde sind, ist das für Ihren Lieferanten etwas wert. So etwas ist nicht selbstverständlich, und dafür sollten Sie belohnt werden.

Geringe interne Reibung
Sie kommen mit Ihrem Ansprechpartner gut aus, aber in seiner Firma gibt es immer wieder Stress. Unterschiedliche Prozesse in Buchhaltung, Logistik und Qualitätsmanagement können Reibung verursachen. Sie sollten einmal alle Probleme aufschreiben und festlegen, wie zukünftig damit umzugehen ist. Kann man etwas leicht anpassen, dann sollte man das tun. Wird es schwierig, dann muss die Gegenleistung des Partners entsprechend hoch sein. Geht es gar nicht, dann muss das ein für alle Mal geklärt werden, um weitere Reibung zu vermeiden.

Geringe externe Reibung
Viele Vertriebler haben das Bedürfnis, mit einem Großteil ihrer Kunden eine harmonische Beziehung zu führen. Wenn die eigene Firma immer wieder für Ärger sorgt, ist das nicht gut für die Gefühlslage der Partner. Es ist zwar nicht alles zu ändern, aber manchmal sind es Kleinigkeiten, die für Unruhe sorgen. Wenn Sie sich bei unkomplizierten Anliegen kompromissbereit zeigen, sollte das einen positiven Einfluss auf die Zusammenarbeit haben.

Sie sollten immer abwägen, ob das Anliegen gerechtfertigt ist oder ob der Partner es sich zu einfach macht. Jedes Entgegenkommen sollte einen konkreten Preis haben, sei es in Euro oder als zusätzliche Dienstleistung des Partners. Es muss auf beiden Seiten spürbar sein und darf nicht nur zur zusätzlichen Belastung führen.

Breite Produktpalette
Der Partner hat wahrscheinlich den Auftrag, neben den Topsellern auch Produkte mit niedrigerem Absatz bei Ihnen zu platzieren. Das sollte entsprechend vergütet werden, da sich diese Produkte selten für Sie lohnen.

Platzierung neuer Marken
Etablierte Marken entwickeln häufig neue Marken, um ein breiteres Sortiment, verschiedene Preisklassen und Qualitäten anbieten zu können. Für die Markteinführung dieser Marken wird oft auf Stammkunden zurückgegriffen. Hier steht in der Regel zusätzliches Budget zur Verfügung, das Sie sich sichern sollten.

Hohe Kundenzufriedenheit

Es gibt Vertriebler, denen es wirklich wichtig ist, dass Sie zufrieden sind. Dieser Grundsatz wird jedem Verkäufer in jeder Verkaufsschulung vermittelt, und bei manchen bleibt er hängen. Diese Einstellung führt zwangsläufig zu langfristigem Erfolg. Sie sollten jedem Partner aktiv mitteilen, was Ihnen wichtig ist und wann Sie zufrieden sind. Wenn man bei diesen Partnern nichts falsch macht, kann man viele erfolgreiche Jahre zusammenarbeiten.

Hohes Ansehen

Im Handwerk wird der Fachkräftemangel besonders deutlich. Wer nicht handwerklich begabt ist, hat ein Problem, wenn Reparaturen oder Maßanfertigungen anstehen. Man landet auf einer Warteliste, da alle Handwerker ausgelastet sind und Überstunden und Samstagsarbeit zur Norm geworden sind. Haben Sie sich auch schon einmal gefragt, warum das so ist? Warum erhöhen sie nicht einfach die Preise, damit sie für das gleiche Geld nur die Hälfte arbeiten müssen? In vielen Fällen hängt das damit zusammen, dass sie nicht als zu teuer gelten wollen. Der Handwerksmeister arbeitet daher lieber spätabends, bevor ihm jemand überteuerte Preise vorwirft.

Ähnlich verhält es sich mit der Qualität. Manche Firmen legen Wert darauf, höchste Qualität zu liefern, selbst wenn sie dafür nicht mehr verlangen können. Sie könnten die Aufträge viel schneller abarbeiten, wenn sie weniger auf Details achten würden. Aber das tun sie nicht, weil ihnen ihr Ansehen wichtig ist. Wenn euer Lieferant zu diesen Firmen gehört, haltet ihn euch warm. Solche Lieferanten sind schwer zu finden.

Es gibt sicher noch viele weitere Bedürfnisse, die eure Geschäftspartner antreiben. Versuchen Sie gemeinsam mit Kollegen herauszufinden, was Ihre Partner wollen, was Sie für sie leisten können und welchen Wert das haben sollte.

1 Die Vorbereitung 25

Ihr Transfer in die Praxis

- **Implementierung regelmäßiger Workshops:** Organisieren Sie mindestens einmal im Jahr intensive Workshops, um die Grundlagen und Stärken des Teams zu erarbeiten und zu festigen.
- **Team-Veranstaltungen planen:** Buchen Sie Konferenzräume und planen Sie Teambuilding-Events, um eine entspannte und produktive Atmosphäre zu schaffen.
- **Clusterung und Priorisierung von Zielen:** Nutzen Sie die Cluster-Methode (A-D) zur Priorisierung Ihrer Stärken und Projekte, um fokussiert und effizient vorzugehen.
- **Erstellung und Nutzung zentraler Präsentationen:** Entwickeln Sie zentrale Präsentationsmaterialien, die jederzeit abrufbar und von allen Teammitgliedern beherrscht werden.
- **Kontinuierliche Verbesserung:** Nutzen Sie Feedback und Erfahrungen aus vergangenen Verhandlungen, um Ihre Strategien und Ansätze kontinuierlich zu optimieren.

2
Wie Sie Ihr Gegenüber richtig einschätzen

> **Was Sie aus diesem Kapitel mitnehmen**
>
> - **Erkennen von Verkäufertypen:** Lernen Sie die verschiedenen Verkäufertypen kennen und verstehen, um besser auf deren Bedürfnisse und Verhaltensweisen einzugehen.
> - **Anpassung der Verhandlungstaktik:** Passen Sie Ihre Verhandlungstaktik entsprechend der Charakteristika Ihres Gegenübers an, um effektiver zu verhandeln.
> - **Kulturelle Sensibilität:** Entwickeln Sie ein Verständnis für kulturelle Unterschiede und deren Einfluss auf Verhandlungen, um respektvoll und erfolgreich zu agieren.
> - **Profilierung der Verhandlungspartner:** Erstellen Sie detaillierte Profile Ihrer Verhandlungspartner, um deren Ziele und Bedürfnisse besser zu verstehen und gezielt ansprechen zu können.
> - **Vorbereitung und Flexibilität:** Kombinieren Sie eine gründliche Vorbereitung mit der Fähigkeit, flexibel und empathisch auf Ihr Gegenüber einzugehen.

2.1 Die Verkäufertypen

In Verhandlungen trifft man auf unterschiedliche Typen von Verkäufern. Je nach Branche sind einige Typen stärker vertreten als andere, und damit unterscheiden sich auch ihre Treiber und Ziele. Hier sind einige der häufigsten Typen:

Der Techniker
Er kennt und liebt sein Produkt. Er könnte stundenlang über die technischen Details sprechen. Dabei ist er wenig emotional, denn es geht schließlich um Fakten. Er war an der Entwicklung beteiligt oder hat sie zumindest von Anfang an begleitet. Er kennt die Konkurrenzprodukte und ihre Vor- und Nachteile. Wie überzeugt man diesen Typen? Er wird einen Partner nicht über den Tisch ziehen, aber man muss sich intensiv mit seinen Produkten beschäftigen. Erst wenn er merkt, dass man vom Fach ist, wird er einen ernst nehmen und den richtigen Preis bieten.

Der Sportler
Dieser Typ liebt Wettkämpfe und Herausforderungen. Je größer, desto besser. Niemand kann diesen Kunden gewinnen? Er schon! Er gibt alles für den Erfolg, auch wenn das bedeutet, nachts zu arbeiten, um den großen Deal zu gewinnen. Dabei muss er nicht unbedingt sportlich auftreten. Es geht ihm mehr um den Wettkampf und die Anerkennung danach, sei es der teure Dienstwagen oder die luxuriöse Uhr. Diesen Typen kriegt man leicht, indem man ihm Herausforderungen bietet, wie einen begehrten Auftrag, den alle haben wollen, aber nur einer bekommen kann.

Der Blender
Er ist leicht an seiner gefälschten Rolex zu erkennen. Sein Leben dreht sich um Statussymbole und Anerkennung. Auf den ersten Blick ähnelt er dem Sportlertyp, doch bei genauerem Hinsehen merkt man, dass alles mehr Schein als Sein ist. Er gibt vor, Kompetenzen zu besitzen, die er tatsächlich nicht hat. Hat er trotzdem Zusagen gemacht, rudert er zurück, wenn es konkret wird. Um sein Gesicht nicht zu verlieren, geht

er in Deckung und man hört nichts mehr von ihm. Sollte dies passieren, empfiehlt es sich, seinen Vorgesetzten zu kontaktieren, denn nichts fürchtet der Blender mehr, als intern bloßgestellt zu werden.

Der Workload-Optimierer
Er hat Vertriebsarbeit gewählt, weil er im Außendienst eine ruhige Kugel schieben kann. Er perfektioniert das „Nichtstun". Seine Firma erhält zwar regelmäßige Besuchsberichte, die zu schreiben dauert jedoch länger als die Gespräche mit Kunden. Dieser Typ arbeitet oft in etablierten Firmen, deren Produkte sich von selbst verkaufen. Da er nur das Nötigste tut, sollte man schnell Druck aufbauen und ggf. seinen Vorgesetzten einschalten.

Der Kumpeltyp
Ihm sind Partnerschaften wichtig, und solange er merkt, dass er für seinen Einsatz etwas zurückbekommt, gibt er Gas. Probleme versucht er auszuräumen und neben der Arbeit möchte er auch mal mit einem lachen. Doch sollte man ihn nicht unterschätzen, denn er kann persönlich reagieren, wenn er sich ungerecht behandelt fühlt oder Forderungen als überzogen ansieht. Da kann es auch mal vorkommen, dass er auf ein Geschäft verzichtet.

Der Gewissenhafte
Sein Wort zählt und dafür macht er alles. Er handelt strikt nach einem Leistungskatalog, von dem er nicht abweicht. Verletzt man eine Bedingung, gibt es auch nicht die dafür vorgesehene Kondition. Er wird einen dabei unterstützen, den Katalog zu erfüllen, wenn man ihm gegenüber kompetent wirkt.

Der Prinzipientreue
Dieser Typ unterscheidet sich vom Gewissenhaften dadurch, dass er keinerlei Kompromisse eingeht. Er hält strikt an seinen Prinzipien fest. Er ist selten im Vertrieb zu finden, da Verhandlungen oft Flexibilität erfordern. Bei ihm sollten Sie schnell herausfinden, was ihm wichtig ist, da Diskussionen nicht zum Ziel führen.

Der Klassiker

Selten trifft man einen der obigen Typen in Reinform. Meistens handelt es sich um eine Mischung. Wichtig ist daher, die persönlichen Treiber des Gegenübers herauszufinden und sich darauf einzustellen.

> **Training und Umsetzung**
>
> Erstellen Sie zu jedem Lieferanten und jedem Verhandlungspartner ein Ziele- und Bedürfnisprofil (Abb. 2.1). Wenn es mehrere Akteure bei dem Lieferanten gibt, dann ist es zielführend, auch zu jedem Einzelnen ein Profil zu erstellen. Führen Sie hier auf, was aus Ihrer Sicht für den Partner wirklich ausschlaggeben ist.

Nachdem Sie das detailliert aufgeführt haben, ordnen Sie die Stärken ihrer Firma oder von Ihnen persönlich den jeweiligen Zielen und Bedürfnissen zu, die am besten passen.

Diese Stärken werden in zukünftigen Gesprächen entweder verbal oder visuell in einer Präsentation hervorgehoben. Am besten funktioniert immer eine Kombination. Lässt sich eine Stärke auch noch durch Testsiegel oder Erfahrungen der Vergangenheit belegen, umso besser.

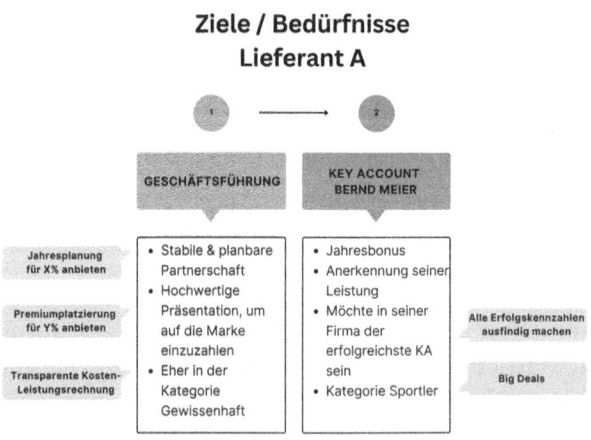

Abb. 2.1 Ziele & Bedürfnisse. (Quelle: Eigene Abbildung)

Wenn Bedürfnisse und Ziele aktuell durch keine Stärke bedient werden können, dann sollte hieran zwingend gearbeitet werden. Oft lässt sich mit ein wenig Kreativität eine Light-Lösung finden, die auf die Wünsche des Partners eingeht.

2.2 Kulturelle Vielfalt erkennen

Jede Kultur hat ihre Besonderheiten, und diese Vielfalt innerhalb eines Landes zu verstehen, ist entscheidend. China zum Beispiel ist riesig und hat eine ethnisch diverse Bevölkerung. Man sollte also nicht davon ausgehen, dass es „die eine chinesische Kultur" gibt. Der Umgang mit unterschiedlichen Kulturen kann eine Herausforderung sein, besonders wenn es um Verhandlungen geht. Es ist wichtig, sich vorab gründlich über die Kultur des Verhandlungspartners zu informieren, um respektvoll und angemessen agieren zu können. Hier einige wichtige Aspekte:

Grundlegende Regeln kennen
In jedem Land gibt es bestimmte Verhaltensweisen, die respektiert werden sollten. Beispielsweise spielt in China der respektvolle Umgang mit Visitenkarten eine große Rolle, indem man sie mit beiden Händen überreicht und entgegennimmt.

Aktuelle Informationen verwenden
Kulturen entwickeln sich stetig weiter. Daher ist es wichtig, aktuelle Informationen zu den kulturellen Gepflogenheiten zu haben und keine veralteten Stereotype zu bedienen.

Individuelle Unterschiede beachten
Es ist nicht nur die Kultur, die eine Rolle spielt, sondern auch die individuelle Persönlichkeit des Verhandlungspartners. Daher ist es essenziell, sein Gegenüber genau zu beobachten und ein Verständnis für seine individuellen Werte und Motivationen zu entwickeln.

Empathie und Anpassungsfähigkeit
Gerade beim Umgang mit fremden Kulturen ist Einfühlungsvermögen wichtig, um den Verhandlungspartner besser zu verstehen und angemessen auf sein Verhalten zu reagieren.

Das Verständnis kultureller Unterschiede kann die Qualität von Geschäftsbeziehungen und Verhandlungen erheblich verbessern und die Erfolgschancen erhöhen.

> **Training und Umsetzung**
> Es empfiehlt sich immer, vor Beginn einer Geschäftsbeziehung Informationen einzuholen. Im Grunde reichen hier aber die Basics, um extreme Fettnäpfchen zu vermeiden. Die IHK bietet hierzu einige gute Programme an. Zu empfehlen sind die Formate IHK guides „Interkulturelle Kompetenz für die Westentasche". Diese gibt es für nahezu alle relevanten Länder.

2.3 Kurz vor der Verhandlung

Kurz vor einer wichtigen Verhandlung dauert die finale Vorbereitung selten länger als zwei Stunden, vorausgesetzt, die Basisvorbereitung wurde gründlich durchgeführt. Falls PowerPoint verwendet wird, sollte die Grundpräsentation bereits stehen. Dabei werden die wichtigsten Elemente für das Gespräch hervorgehoben, unnötige und nicht zielführende Inhalte entfernt und einige persönliche Anpassungen vorgenommen. Das Logo des Verhandlungspartners ist eingefügt und der Gesprächspartner eingeschätzt. Außerdem sind die drei stärksten Argumente bekannt, und alle weiteren sind als Backup vorbereitet.

Sammeln Sie die relevanten Daten und Fakten: Umsatzentwicklung (EK/VK), Margenentwicklung, Lagerumschlagsgeschwindigkeit, Ausverkaufsquote, Überbestände, Ladenhüter und Wettbewerbsfähigkeit. Falls in Asien eingekauft wird, sind zusätzliche Überlegungen zu vergleichbaren Produkten bei der Konkurrenz notwendig. Kaufen Sie diese Produkte, um sie im Detail zu vergleichen. Überlegen Sie, welche Details sinnvoll sind und welche keinen Mehrwert bringen. Design to

Value, ein kundenorientierter Ansatz, ist hier ratsam. Beachten Sie auch die Entwicklung der Rohstoffpreise.

Die finale Vorbereitung sollte nicht übermäßig detailliert sein, da das Gespräch dynamisch ist. Legen Sie Standards für den Einkauf fest, damit jeder Kollege weiß, was er benötigt.

Training und Umsetzung

In dem Moment vor der konkreten Verhandlung ist das richtige Mindset entscheidender als noch einmal die letzten Details herauszuarbeiten. Sie haben alle wichtigen Vorarbeiten bereits im Vorfeld erledigt. Jetzt geht es darum, positiv in das Gespräch zu gehen. Heute werden Sie einen großartigen Deal abschließen und Sie können sich darauf freuen. Sie wissen, was Ihre Firma kann. Sie wissen, wie Sie mit den Schwächen umgehen.

Gehen Sie noch einmal in sich, und wenn Sie die Verhandlung nicht allein führen, dann trinken Sie mit den Kollegen in aller Ruhe noch einen Kaffee und sprechen darüber, wie überragend ein gutes Ergebnis wäre.

Ihr Transfer in die Praxis

- **Ziele- und Bedürfnisprofile erstellen:** Entwickeln Sie zu jedem Lieferanten und Verhandlungspartner detaillierte Ziele- und Bedürfnisprofile, um deren Erwartungen und Motivationen zu verstehen und gezielt anzusprechen.
- **Stärken hervorheben:** Ordnen Sie die Stärken Ihrer Firma den spezifischen Bedürfnissen und Zielen Ihrer Verhandlungspartner zu und heben Sie diese in Gesprächen hervor.
- **Kombination aus verbalen und visuellen Präsentationen:** Nutzen Sie eine Kombination aus verbalen und visuellen Präsentationen, um Ihre Argumente zu untermauern und überzeugend zu kommunizieren.
- **Interkulturelle Schulungen nutzen:** Besuchen Sie Schulungen zur interkulturellen Kompetenz, um kulturelle Unterschiede besser zu verstehen und Fettnäpfchen zu vermeiden.
- **Kontinuierliche Anpassung:** Überarbeiten und aktualisieren Sie regelmäßig Ihre Profile und Präsentationen, um auf Veränderungen und neue Erkenntnisse reagieren zu können.

3
Unterschiedliche Verhandlungsformen

> **Was Sie aus diesem Kapitel mitnehmen**
>
> - **Verständnis der verschiedenen Verhandlungsformen:** Lernen Sie die unterschiedlichen Verhandlungsformen kennen und verstehen deren Vor- und Nachteile.
> - **Anpassungsfähigkeit:** Entwickeln Sie die Fähigkeit, je nach Situation und Verhandlungspartner die passende Verhandlungstechnik auszuwählen und anzuwenden.
> - **Bewusstsein für kulturelle Unterschiede:** Erkennen Sie die Bedeutung kultureller Unterschiede und deren Einfluss auf Verhandlungsstile und -techniken.
> - **Methoden zur Konfliktlösung:** Nutzen Sie verschiedene Techniken, um Konflikte effektiv zu lösen und eine Win-Win-Situation zu schaffen.
> - **Kontinuierliche Verbesserung:** Üben und reflektieren Sie regelmäßig Ihre Verhandlungstechniken, um sie zu perfektionieren und authentisch anzuwenden.

Es gibt verschiedene Arten, eine Verhandlung zu führen. Je nach Seminaren und Dozenten kann eine Form als bevorzugt dargestellt werden, doch alle haben Vor- und Nachteile.

Es kommt auf den eigenen Verhandlungstyp, sein Gegenüber, die Sachlage und die bisherige Verhandlungsdynamik an. Zudem beeinflussen Druck und Stimmung auf beiden Seiten den Verlauf. Da mindestens zwei Personen beteiligt sind, kann niemand allein die Verhandlungsform bestimmen. Es ist wichtig, mit allen gängigen Verhandlungsformen vertraut zu sein und diese je nach Bedarf anzuwenden.

3.1 Die Basartechnik

Diese Technik kennt wahrscheinlich jeder. Der Verkäufer ruft einen Preis auf, Sie nennen einen viel niedrigeren und Sie nähern sich Schritt für Schritt an. Am Ende einigen Sie sich irgendwo zwischen seinem Ausgangspreis und Ihrem Startgebot (Abb. 3.1).

Fallstricke gibt es bei dieser Form viele. Auf Verkäuferseite besteht die Gefahr, dass der Ausgangspreis bereits so hoch ist, dass es gar nicht erst zu einer Anfrage kommt. Wenn Mitbewerber ähnliche Produkte anbieten, wird das häufig der Fall sein. Zudem gibt es wahrscheinlich auch Kunden, denen diese Form der Verhandlung unangenehm ist. Gerade wenn diese nicht in der Kultur verankert ist, so wie das zum Beispiel in Deutschland der Fall ist, kann das eher abschreckend wirken.

Ein weiterer Nachteil ist, dass sämtliche regulären Preise des kompletten Sortiments durch diese Art unglaubwürdig werden. Warum sollte ein Kunde bei einem Artikel den UVP bezahlen, wenn er bei einem anderen Artikel 60 % Rabatt herausschlagen konnte? Mit Nachlässen, die durch die Basartechnik bei einem Artikel entstanden sind, entwertet der Verkäufer sein komplettes Sortiment. Die Entwertung ist dabei viel extremer, als es bei einzelnen, von vornherein reduzierten Artikeln der Fall wäre. Bei der klar deklarierten Reduzierung einzelner Artikel im Vorfeld ist offensichtlich, dass es sich hierbei um ein Schnäppchen handelt, z. B. aufgrund eines besonderen Angebotes oder aufgrund von Überbeständen. Diese Artikel grenzen sich von den regulären Artikeln durch die Präsentation und Deklarierung ganz eindeutig ab.

Lassen Verkäufer bei einem regulären Artikel die Basartechnik zu, dann sollten sie den Rest ihres Sortimentes so kalkuliert haben, dass sie auch bei diesen Artikeln Nachlass geben können. Generell

3 Unterschiedliche Verhandlungsformen

Abb. 3.1 Auf dem Basar. (Quelle: Eigene Abbildung)

sollten – zumindest in Mitteleuropa – Nachlässe nur mit Begründung gewährt werden.

Aber auch auf Einkäuferseite gibt es extreme Nachteile bei dieser Art der Verhandlung. Schon am Anfang können Sie den Deal mit überzogenen Forderungen zum Scheitern bringen. Ihr Gegenüber fährt eine Mauer hoch, die Sie nicht mehr durchdringen können. Auch im Verlauf des Gesprächs kann es immer wieder zu Komplikationen kommen. Feilschen ist wie ein Kräftemessen, wie Armdrücken. Am Ende tut das auf beiden Seiten weh, und niemand kann sich sicher sein, ob wirklich das beste Ergebnis dabei herausgekommen ist.

Grundsätzliche Tipps zu dieser Verhandlungsmethode

Wenn Sie sich als Privatperson auf einem Basar oder Flohmarkt befinden, dann ist es vollkommen in Ordnung, zu feilschen. Die Preise sind in der Regel so kalkuliert, dass ein Nachlass gewährt werden kann. Gleiches gilt heutzutage im Übrigen auch beim Kauf vieler Konsumgüter wie Waschmaschinen, Laptops oder auch Küchen.

Die einfachste Art, den richtigen Preis zu bekommen, ist es, den Artikel über eine Preissuchmaschine zu vergleichen und das dem Verkäufer zu zeigen. Dann geht eigentlich immer etwas. Angefangen beim Preis über zusätzlichen Service, andere Zahlungsziele oder Garantieverlängerungen.

Was privat kein Problem ist, sollte im professionellen Umfeld allerdings vor allem zu Beginn einer Verhandlung vermieden werden. Zu groß ist die Gefahr, dann doch nicht zum Deal zu kommen, einen zu hohen Preis zu zahlen oder Unzufriedenheit auf einer Seite zu erzeugen. Im schlimmsten Fall wird Ihre Geschäftsbeziehung langfristig geschädigt. Sollten Sie trotzdem einmal nicht daran vorbeikommen, dann gelten folgende Grundsätze:

Sie müssen den wahren Wert des Produktes so gut wie möglich kennen. Ist es ein innovatives Produkt, ist die Produktion aufwendig oder geht es mehr um den Materialpreis? Wie hoch ist der Materialpreis? Sind die Maschinen und Werkzeuge, die für diesen Artikel eingesetzt werden, bereits abgeschrieben?

Je besser Sie einschätzen können, wie teuer der Artikel in der Produktion ist und für welchen Preis Ihr Verhandlungspartner den Artikel bezogen hat, umso besser können Sie den Verhandlungsspielraum einschätzen.

Seine Spanne ist in der Regel Ihr Verhandlungsspielraum (es sei denn, ihm steht das Wasser bis zum Hals, dann geht mehr).

Gibt es vergleichbare Artikel? Wie teuer sind die? Haben die Alternativartikel zusätzliche oder andere Features? Welche Features benötigen Sie bei dem Produkt wirklich? Gibt es für Ihren Bedarf passendere Alternativen? Woraus setzt sich der Preis zusammen? Oft bestehen die Artikel aus vielen Komponenten. Manche sind unbedingt notwendig, andere sollen einen Mehrwert gegenüber anderen Produkten bieten. Das kann eine höhere Stoffqualität oder ein höherwertigeres Öko-Label, die Verarbeitung oder eine unterschiedliche Ausführung sein.

Sie sollten für sich und Ihre Zielgruppe einschätzen können, was wirklich entscheidend ist. Für alles andere sollten Sie nicht bezahlen (Design to Value). Sie müssen wissen, welches Feature wirklich einen Mehrwert bietet und ob dieser Mehrwert auch für Sie und Ihre Kunden entscheidend ist.

Gibt es offensichtliche Mängel? Das kann eine schlechte Verarbeitung sein, die den Wert mindert, aber auch schlechte Erfahrungen in der Vergangenheit. Diese Mängel und negativen Erfahrungen sollten mit in die Verhandlung einfließen.

Wie hoch ist die Nachfrage? Gibt es mehrere Interessenten und ein begrenztes Angebot, verringert das die Bereitschaft des Verkäufers, auf Ihre Vorstellungen einzugehen. In diesem Fall sollten Sie dennoch klare Vorstellungen davon haben, was das Produkt wirklich wert ist, und davon, was Sie bereit sind, dafür zu zahlen. Verknappung ist ein beliebtes Mittel unter Vertrieblern. Drehen Sie den Spieß um!

Sie haben immer nur begrenztes Budget oder begrenzten Lagerplatz. Sie können dieses Produkt oder eine Alternative auch beim Konkurrenten erwerben. Entweder also hier oder beim Wettbewerber, beides geht nicht. Fragen Sie nach weiteren Vorzügen. So kommen Sie wieder ins Gespräch.

Der wichtigste Punkt ist, erst möglichst spät selbst eine Preisvorstellung zu nennen. Nähern Sie sich stattdessen Ihrem Ziel über fokussierte offene Fragen, die einen Nachlass bereits implizieren.

Fokussiert – auf das, was Sie wollen (den Rabatt, den besseren Liefertermin, eine andere Menge usw.)

Offen – Es ist nicht möglich, einfach mit Nein zu antworten. Eine Ablehnung muss begründet werden.

Dabei wird noch keine konkrete Gegenleistung (wie eine höhere Menge) genannt. Entscheidend ist hierbei, geschlossene Fragen, die mit einem einfachen „Nein" beantwortet werden können, zu vermeiden.

Beispiele für geschlossene und offene Fragen
Geschlossene Frage: „Gibt es einen Nachlass, wenn wir uns jetzt einigen?" – Nachteil: Ein einfaches Nein des Verkäufers reicht aus, um die Frage zu beantworten.

Besser (fokussierte offene Frage): „Wie hoch ist der Nachlass, wenn wir uns jetzt einigen?"

„Bei unserem Unternehmen kann man einen Zahlungsausfall beinahe ausschließen. Kann man an dem Zahlungsziel noch etwas machen?"

Besser: „Welches Zahlungsziel gewähren Sie bei Unternehmen, bei denen das Risiko eines Zahlungsausfalls ausgeschlossen ist?"

„Gibt es eine Möglichkeit, die Produktion vorzuziehen?"

Besser: „Welche Schritte müssen jetzt unternommen werden, um die Produktion rechtzeitig zu beenden?"

Einfaches Schweigen in Verbindung mit Blickkontakt und dem physischen Signal, nicht mit dem Angebot einverstanden zu sein, kann im Übrigen auch die offene Frage ersetzen, ist aber das aggressivere Mittel. Physische Signale, die zeigen, dass man nicht einverstanden ist, können folgende Bewegungen und Gesichtsausdrücke sein:

- Schulterzucken
- Zurücklehnen
- Lippen aufeinanderpressen
- Arme verschränken
- erwartungsvoller Blickkontakt

Wichtig ist dabei, die Stille wirklich lange aufrecht zu halten. Schweigen ertragen nur sehr wenige Menschen.

> **Beispiel**
>
> V: „Der Preis ist für dieses Produkt gut. Weiter kann ich nicht runtergehen."
> E: Schweigen (verbunden mit einem leichten Kopfschütteln)
> Erst wenn Sie mit den offenen Fragen und dem Schweigen nicht mehr weiterkommen, bringen Sie Einwände, negative Konsequenzen und/oder positive Gegenleistungen. Lassen Sie sich auf keinen Fall dazu drängen, frühzeitig Ihren Preis zu nennen. Erst am Ende, wenn wirklich nichts mehr geht, können Sie Ihren Vorschlag unterbreiten.

3 Unterschiedliche Verhandlungsformen

Beispiel

E: „Was ist der Preis für diesen Artikel?"
V: „100 €."
E: „Welchen Nachlass bieten Sie mir an?"
V: „Das ist der reguläre Preis für dieses Top-Produkt. Schauen Sie sich die hervorragende Verarbeitung an. Aber ich kann heute ausnahmsweise einen Sonderpreis für Sie machen. 95 Euro!"
E: „Das ist deutlich mehr als andere für diesen Artikel verlangen." (Schweigen) Das Schweigen fordert, ähnlich wie eine offene Frage, dazu auf, nachzubessern. Ein Nein ist auf Schweigen nicht möglich!
V: „Was wären Sie bereit zu zahlen?"
E: „Wir müssen zunächst einmal zu einer realistischen Größenordnung kommen. Was ist denn möglich?" (Wichtig! Hier nicht den Zielpreis nennen!).
V: „Mehr geht nicht!" (Block, hier scheint das Ende zu sein)
E: Schweigen
V: „Der Artikel ist das Beste, was es aktuell auf dem Markt gibt. Folgende Features sprechen für sich. Feature: A/C/F! Ich kann und werde nicht weiter nachbessern!"

Wichtig!
Erst jetzt, wenn ersichtlich wird, dass die Verhandlungen so nicht mehr weiterkommen und zu scheitern drohen, steigen Sie in die qualitative Diskussion ein.
E: „Feature C und F sind für mich uninteressant. Wenn ich die nicht nehme, was kostet der Artikel dann?"
V: „Den Artikel gibt es nur so, ich könnte aber heute einen Sonderpreis für Sie machen. 92 €."
E: „92 € ist noch immer zu viel. Wir haben eine lange, sehr gute Geschäftsbeziehung und haben immer Ihre Artikel gekauft. Dafür muss doch ein Preis möglich sein, der für beide passt! Wie hoch ist Ihr Rabatt für Stammkunden?"
V: „5 %, aber auch nur, wenn die Menge groß ist."

Das Vorgehen ist also immer wie folgt:

- Durch fokussierte offene Fragen dem Zielpreis nähern.
- Wenn nichts mehr geht, Einwände oder Mängel aufzeigen.
- Negative Konsequenzen aufzeigen, wie das Scheitern des Deals, eine kleinere Menge, erneute Ausschreibung oder Vertagung

- Positive Gegenleistungen aufzeigen, wie eine höhere Menge, ein verbindlicher Forecast oder ein höherer Lieferantenstatus
- Abschluss

> **Training und Umsetzung**
>
> Da diese Form der Verhandlung vielen in unserem Kulturraum schwerfällt, ist es sehr wichtig, sie immer wieder zu üben, bis sie sich richtig anfühlt und dadurch authentisch angewendet werden kann. Während der Übung ist es zielführend, die einzelnen Techniken zu übertreiben, damit sie in der reellen Verhandlung ohne Störgefühl genutzt werden kann.
> Fordern sie die Kollegen auf, auch nach dem vierten Angebot des Trainingspartners noch zu schweigen. Stellen Sie sechs offene fokussierte Fragen hintereinander. Je öfter Sie das machen, umso einfacher wird es Ihnen in der Verhandlung fallen, zumindest zweimal eine offene fokussierte Frage gefolgt von einem Schweigen zu platzieren.

3.2 Anker setzen

Es gibt wie immer Ausnahmen von der Regel, erst ganz am Ende den eigenen Wunschpreis zu nennen. Wenn Ihr Ziel so weit von dem aktuellen Kurs entfernt liegt, dass Ihr Verhandlungspartner darauf nicht kommen kann, dann ist es sinnvoll, schon am Anfang mit einer konkreten Forderung zu starten. Ansonsten nähert sich Ihr Verhandlungspartner in 0,02er-Schritten Ihrem Ziel, und Sie kommen nie an, weil Sie eigentlich eine Verbesserung von sieben Prozentpunkten benötigen.

Dieses Vorgehen, frühzeitig ein sehr sportliches Ziel zu nennen, nennt sich Ankertechnik (Abb. 3.2).

Der Effekt ist wissenschaftlich belegt, und diese Technik ist eines der wirksamsten Mittel, die in einer Verhandlung genutzt werden können. Selbst absurd hohe Anker bewirken etwas, auch bei den Personen, die diese Methode kennen. Studien mit erfahrenen Richtern haben gezeigt, dass selbst unglaubwürdig hohe Anträge auf Schadenersatzforderungen oder eine extrem hohe Haftdauer Richter maßgeblich im Strafmaß beeinflussen.

Abb. 3.2 Anker setzen. (Quelle: Eigene Abbildung)

Der Nobelpreisträger für Wirtschaft, Daniel Kahnemann, bat Versuchspersonen zu schätzen, wie viel Prozent der Mitgliedstaaten der Vereinten Nationen afrikanische Länder sind.

Im ersten Schritt sollten die Teilnehmenden ein Glücksrad drehen und beantworten, ob die wirkliche Prozentzahl über oder unter der gedrehten Zahl liegt. Das Glücksrad war allerdings manipuliert und blieb entweder bei zehn oder 65 stehen. Wenn das Rad bei 10 stoppte, lag die Schätzung der Teilnehmenden für den prozentualen Anteil der afrikanischen Länder in der UNO im Durchschnitt bei 25 %. Stoppte das Rad dagegen bei 65, lag die Schätzung bei durchschnittlich 45 %.

Warum? Die Teilnehmer fingen an nachzudenken, ob der korrekte Wert in der Nähe des Ankers liegen könnte, und sich Umstände vorzustellen, die dies plausibel erscheinen ließen. Umstände, die gegen den Wert des Ankers sprachen, blieben unberücksichtigt.

Als ich bei meinem letzten Arbeitgeber begann, blieb mir nichts anderes übrig, als diese Ankertechnik anzuwenden. Wir waren Welten von wettbewerbsfähigen Preisen entfernt. Der Grund:

Viele Lieferanten bilden Marktcluster. Es wird unterschieden zwischen reinen Onlinehändlern (schlechtestes Cluster), reinen stationären Playern und Omnichannel-Händlern, also Marktteilnehmern, die beide Vertriebskanäle bedienen (bestes Cluster).

Innerhalb des Clusters wird noch einmal unterschieden, in welcher Qualität dieses Segment bedient und welcher Umsatz generiert wird. Hinzu kommen die Bedingungen der Zusammenarbeit.

Gibt es ein Zentrallager, einen zentralen Ansprechpartner, gemeinsame Marketingaktionen? Auf den ersten Blick also eine objektive Einschätzung des Kunden und der Ansprüche auf die jeweiligen Konditionen.

Wir waren damals im schlechtesten Cluster mit den schlechtesten Konditionen. Um auf dem Markt mitspielen zu können, reichte es nicht aus, in diesem Cluster eine leichte Verbesserung zu erzielen. Wir benötigten einen wirklichen Konditionssprung. In diesem Fall war der Anker die einzige Möglichkeit, dieses Ziel zu erreichen.

Damit der Verhandlungspartner nicht direkt aufsteht und das Gespräch verlässt, sollte bei der Ankertechnik Folgendes beachtet werden:

Gesprächsführung übernehmen

Sie übernehmen von Anfang an die Gesprächsführung, am besten mithilfe einer Präsentation. Ihr Verhandlungspartner wird nicht während der Präsentation aufstehen und gehen. Er wird sie sich bis zum Ende anschauen. Zudem wird die Kombination aus geschriebenen Worten und gesprochener Erklärung immer eher als Fakt empfunden, als wenn alles nur auf der Tonspur läuft.

3 Unterschiedliche Verhandlungsformen

Stärken aufzeigen
Die Präsentation ist voll mit positiven Argumenten. Was zeichnet Ihre Firma aus? Was macht sie für Ihren Verhandlungspartner bereits heute besonders wertvoll?

Belege präsentieren, Vertrauen schaffen
Haben Sie Auszeichnungen erhalten? Sind Ihre Produkte nach einer Norm zertifiziert? Zeigen Sie sämtliche Siegel, die für Vertrauen stehen.

Möglichkeiten aufzeigen
Welche Zusammenarbeit wäre möglich, wenn es zu einer Einigung kommt? Zeigen Sie auf, welches Umsatzpotential Sie sehen. Was interessiert Ihren Partner noch? Was können Sie ihm neben dem Umsatz noch bieten? Warum lohnt es sich für Ihren Partner, die Zusammenarbeit komplett neu zu überdenken? Wie zahlen sich die für ihn schlechteren Konditionen am Ende doch aus?

Dieser Punkt muss klar beantwortet werden und realistisch sein. Sie werden am Ende daran gemessen. Dieser Punkt ist extrem wichtig!

Oft ist das der Zeitpunkt, an dem der routinierte Vertriebler Sie festnageln möchte.

Da steht, dass 60 % Umsatzsteigerung möglich sind? Die nimmt er! Aber erst, wenn Sie das bewiesen haben, gibt es eventuell mehr. Erst dann gibt es weitere Gespräche über zusätzliche Konditionen.

Das ist der Klassiker, und Sie sollten sich davon nicht aus der Ruhe bringen lassen. Bitten Sie darum, die Verhandlung erst im Anschluss an Ihre Präsentation zu führen. Es kommen ja noch viele interessante Fakten. Wenn Ihr Anker am Ende dann erstmal gesetzt ist, dann steigen Sie ein.

Bis zu 60 % Umsatzsteigerung sind das Maximalziel und unter optimalen Bedingungen möglich. Eine Voraussetzung dafür ist aber, dass Ihr Partner auch zu 100 % auf Ihre Forderung eingeht. Das wird er nicht tun, und damit sind Sie auch nicht mehr an die 60 % gebunden.

Ihr Partner wird dennoch darauf drängen, gemeinsame Ziele festzulegen. Das ist ok. Die Ziele sollten aber unbedingt realistisch sein. Es ist nie gut, wenn Sie bereits am Anfang hinter Ihren Zielen herlaufen.

Weitere Belege – sein größter Konkurrent
Gibt es erfolgreiche Beispiele, bei denen schon eine Einigung erzielt werden konnte? Am besten wäre natürlich eine lohnende Zusammenarbeit mit einem seiner größten Konkurrenten. Niemand will, dass der ungeliebte Mitbewerber an einem vorbeizieht.

Entkräften Sie Befürchtungen Ihres Partners!
Was sind die größten Sorgen? Entkräften Sie Befürchtungen immer mit positiven statt negativen Aussagen!
  Falsch: „Wir werden Ihre neuesten Premiumprodukte nicht in unserem Sale verramschen!"
  Richtig: „Diese Premiumprodukte erhalten bei uns eine Premiumplatzierung!"
  Wenn möglich, visualisieren Sie Ihr Vorhaben in der Präsentation. Wie könnte eine Premiumplatzierung aussehen?

Weitere Entscheider
Zu diesem Zeitpunkt haben Sie Ihren Gesprächspartner im besten Fall schon in die Stimmung versetzt, Ihre Zusammenarbeit noch einmal neu zu überdenken. Es gibt aber möglicherweise noch weitere Personen in seiner Firma, die er mitnehmen muss. Wen muss er intern noch überzeugen? Finden Sie auch für diese Personen die richtigen Argumente.

Senden Sie Ihrem Verhandlungspartner die Präsentation im Anschluss an Ihren Termin zu und bieten Sie an, weitere Fragen auch gerne später noch zu beantworten. Er kann die Präsentation mit Ihren Argumenten dann auch intern verwenden.

Der Anker
Zum Schluss Ihrer Präsentation kommt der Anker. Die Forderung steht auf dem Bildschirm. Mit diesem Anker steigen Sie in die Diskussion ein, während die Präsentation sichtbar bleibt. Im besten Fall steht Ihr Anker während der gesamten Verhandlung in großen Lettern an der Wand.

Was, wenn diese Technik bei Ihnen angewandt wird? Entscheidend ist, sich so schnell wie möglich von dem Anker zu lösen. Machen Sie klar, dass die Forderung weit von dem entfernt liegt, was überhaupt denkbar ist. Wenn der Verkäufer bei seiner Technik bleibt, dann betonen Sie nochmal eindringlich, dass Sie so nicht weiterkommen.

Lassen Sie sich nicht darauf ein, auf Basis dieses Ankers jetzt zur Basartechnik überzugehen. Wenn nichts mehr hilft, dann brechen Sie die Verhandlung ab.

Sammeln Sie im Anschluss alle Argumente, die gegen diesen Preis sprechen, und solche, die für Ihren Zielpreis sprechen. Im Vorfeld des nächsten Gesprächs muss klar sein, dass die Forderung (der Anker) Ihres Verhandlungspartners vom Tisch ist. Erst dann können die Gespräche fortgesetzt werden.

> **Training und Umsetzung**
>
> Die Ankertechnik ist mit hohen Risiken verbunden und wird zu häufig ohne Not eingesetzt. Mit ihr kann vieles zerstört werden. Neben einem frühzeitigen Abbruch des Gespräches kann auch langfristig die Partnerschaft Schaden nehmen. Ein deplatzierter Anker mit angedrohter Konsequenz bei Nichterfüllung muss durchgezogen werden, da ansonsten die Glaubwürdigkeit des Ankersetzers langfristig geschädigt wird. Es gibt also gute Gründe, andere Verhandlungstechniken zu bevorzugen. Manchmal ist der Anker aber die einzige Möglichkeit, an das dringend benötigte Ergebnis zu kommen. Umso wichtiger ist dann aber die korrekte Einleitung und Umsetzung. Prüfen Sie vor jeder Verhandlung, ob der Anker wirklich das richtige Mittel ist. Wenn dem so ist, prüfen Sie, ob die Schritte gut vorbereitet sind.
> Wenn Sie diese Technik mit Ihren Kollegen üben, dann sollte jede Übung auch immer jeden Schritt enthalten. Es muss unbedingt sitzen, dass ein Anker immer diesem Muster folgt und es keine Abkürzung gibt.

3.3 Das Harvard-Konzept und der kooperative Verhandlungsstil

Das Harvard-Konzept ist die beste Basis, um erfolgreich verhandeln zu können.

Es ist eine Methode, die auf den Prinzipien der Effektivität, des Respekts und der Fairness basiert und auf eine langfristig erfolgreiche Partnerschaft setzt. Sie wurde von den Professoren William Ury und Roger Fisher an der Harvard Law School entwickelt und wird heute bei

Verhandlungen und Konfliktlösungen in nahezu allen Bereichen eingesetzt (Abb. 3.3). Das Konzept beruht auf vier Grundsätzen:

1. Trennung von Personen und Problemen
Sie sitzen Ihrem Verhandlungspartner gegenüber und können ihn nicht leiden. Mal abgesehen von komplett unterschiedlichen Weltanschauungen trägt er auch noch unmögliche Kleidung und riecht nach zu viel schlechtem Aftershave. Am liebsten würden Sie den Raum verlassen, aber das Geschäft ist zu wichtig.

Abb. 3.3 Das Harvard-Konzept. (Quelle: Eigene Abbildung)

Der Harvard-Ansatz bedeutet hier, all das auszublenden, was mit der Person zu tun hat, und sich nur auf die Fakten zu fokussieren: auf die Qualität des Produktes, auf den Preis, die Lieferbedingungen, die Zahlungsziele ...

2. Fokussierung auf Interessen statt Positionen
Ihr Verhandlungspartner fordert für das Produkt, das er Ihnen seit Jahren liefert, mehr Geld. Ihr Ziel war eine Preissenkung. Beide Verhandlungspartner haben festgefahrene Positionen. In diesem Moment sollten die Interessen in den Vordergrund gestellt werden. Sie sollten sich die Fragen „Warum?" und „Warum nicht?" stellen.

Wo liegen die gemeinsamen Interessen? Diese liegen sicherlich in einem gemeinsamen profitablen Geschäft. Gibt es noch weitere Interessen? Auslastung der Produktion, eine schnelle Lieferung, unkomplizierte Abwicklung ... Nur wenn Sie Ihre Interessen kennen, sie teilen, und auch die Interessen Ihres Verhandlungspartners klar sind, können Lösungen erarbeitet werden.

3. Kreation von Optionen für beiderseitigen Nutzen
Danach werden Optionen erarbeitet. Wie können Lösungen aussehen? In den meisten Fällen gibt es eine Bandbreite an Optionen, die für beide Seiten akzeptabel sind. Hier die richtige Schnittmenge zu finden, muss das Ziel sein (Abb. 3.4).

4. Verwendung objektiver Kriterien zur Entscheidungsfindung
Nun werden objektive Beurteilungskriterien für die gefundenen Lösungsansätze gesucht. Das sollten Kriterien sein, die beide Seiten als fair empfinden, wie der Preis eines Konkurrenzproduktes, die Entwicklung der Rohstoffpreise auf dem Weltmarkt oder die Entwicklung des Marktpreises.

Wird das Konzept konsequent angewandt, können Konflikte und schwierige Verhandlungen auf faire und effektive Weise gelöst werden, ohne dass eine der Parteien als Verlierer aus der Verhandlung geht. Ziel ist immer eine Win Win-Situation.

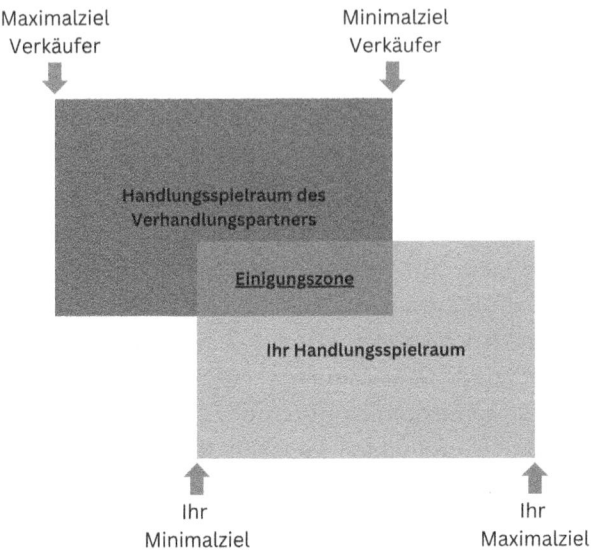

Abb. 3.4 Die Einigungszone. (Quelle: Eigene Abbildung)

BATNA

BATNA steht für **Best Alternative To a Negotiated Agreement**. Nicht selten kommt es vor, dass Verhandlungen anstrengend sind und sich über einen langen Zeitraum erstrecken. Befinden sich dann beide Parteien endlich vor der Ziellinie, kann eine Art Abschlussfieber entstehen. Es kann vorkommen, dass einer Lösung zugestimmt wird, die unter objektiver Betrachtung nicht zielführend für eine oder sogar beide Parteien ist.

Um dieses Deal-Fieber zu vermeiden, ist es entscheidend, schon vor der Verhandlung die beste alternative Lösung zu einer Einigung zu erarbeiten. Diese alternative Lösung wird vor dem Abschluss noch einmal mit dem Verhandlungsergebnis verglichen. Ist sie besser als das Ergebnis, kommt es zu keinem Abschluss.

> **Training und Umsetzung**
>
> Beim Harvard-Konzept kommt es vor allem darauf an, dass die Interessen beider Parteien im Vordergrund stehen. Sind ihre Interessen dem Verhandler der Gegenseite aber herzlich egal, ist diese Art der Verhandlungsführung nicht zielführend. Es ist vorab also zwingend notwendig, über die Erarbeitung der eigenen Stärken und der Bedürfnisse des Gegenübers ein Machtgleichgewicht herzustellen. Gelingt das nicht, weichen Sie auf andere Techniken aus.
>
> Zudem ist das BATNA einer der wichtigsten Punkte und kommt trotzdem in Trainings oft zu kurz. Sie können davon ausgehen, dass auch ihr Gegenüber schon einmal von dem Harvard-Konzept und Win Win gehört hat. Manche nutzen das ausgeprägte Bedürfnis nach einer Einigung aus und suggerieren nur die Berücksichtigung ihrer Interessen. Haben Sie einen Plan B, sodass Sie im Notfall aussteigen können.

Im Training ist es wichtig, dass wirklich alle Punkte einmal bei konkreten Lieferanten simuliert werden. Erstellen Sie ein komplettes Konzept für ihre wichtigsten Lieferanten.

Trennung von Personen und Problemen
Was stört bei Lieferant XY? Was darf zukünftig keine Rolle mehr spielen?

Fokussierung auf Interessen statt Positionen
Wo liegen meine Interessen, wo die des Lieferanten XY?
Wie stark fallen die einzelnen Interessen ins Gewicht?

Kreation von Optionen für beiderseitigen Nutzen
Wo gibt es Überschneidungen zwischen meinen Interessen und den von Lieferant XY? Welche Interessen können erfüllt werden, ohne dass die Interessen der Gegenseite verletzt werden?

Verwendung objektiver Kriterien zur Entscheidungsfindung
Was sind objektive Gesichtspunkte, auf die sich beide Seiten verständigen können? Was ist nach diesen objektiven Gesichtspunkten fair? Was fällt wie stark ins Gewicht?

BATNA
Was ist meine beste Alternative zu einem Abschluss? Was ist die beste Alternative für den Lieferanten? Wie hoch wäre der Leidensdruck auf beiden Seiten?

3.4 Sie haben das gleiche Ziel!

Es wird in Verhandlungen vorkommen, dass Sie sich mit so unterschiedlichen Positionen gegenüberstehen, dass es kein Weiterkommen gibt. Oft ist an dieser Stelle schon im Vorfeld etwas schiefgelaufen. Die Verhandlungspositionen oder die Verhandlungsmacht der jeweiligen Parteien wurden z. B. falsch eingeschätzt, persönliche Befindlichkeiten nehmen eine zu große Rolle ein oder die jeweiligen Vorzüge wurden nicht richtig herausgearbeitet.

Eine Maßnahme, die dann meistens greift, ist, eine dritte Person, eine unveränderliche interne Unternehmensregel oder eine übergeordnete Instanz ins Spiel zu bringen. Sie haben das gleiche Ziel und müssen nun gemeinsam versuchen, diese Hürde zu nehmen! (Abb. 3.5).

Wichtig: Diese dritte Person (die Hürde) steht nicht für ein direktes Gespräch zur Verfügung. Die Unternehmensregel oder die Instanz sind in Stein gemeißelt und können nicht vom Verhandler beeinflusst werden.

Beispiele

E: „Da wird unser Geschäftsführer niemals zustimmen. Wir dürfen eine Plan-Lagerumschlagsgeschwindigkeit von X nicht unterschreiten, und bei dieser Menge sind wir weit davon entfernt. Welche Argumente können wir noch finden, um ihn zu überzeugen?"

E: „Unser Controlling wird das nicht freigeben. Zum Abschluss eines Deals dieser Größe muss mindestens ein Preisvorteil von X Prozent vorliegen. Wie weit kommen wir noch runter, um eine Chance zu haben, durch diese Tür zu gehen?"

E: „Unsere Richtlinien untersagen eine Änderung des Lieferantenvertrages. Was können wir machen, damit wir ins Geschäft kommen?"

Entscheidend ist bei dieser Methode, dass die Hürde als unveränderbare Instanz begriffen wird. Der Geschäftsführer ist raus, wenn bekannt ist, dass das ein echt netter Kerl ist, mit dem man gut reden kann.

Die Erfahrung zeigt, dass sich das Controlling, die Company Policy, die Konzernrevision oder einfach eine starre Richtlinie immer sehr gut eignen.

3 Unterschiedliche Verhandlungsformen

Abb. 3.5 Zielvorstellungen. (Quelle: Eigene Abbildung)

Training und Umsetzung

Definieren Sie eine oder mehrere unüberwindbare Instanzen, um Ihre wichtigsten Ziele zu erreichen. Definieren Sie danach bei jedem Ihrer wichtigsten Lieferanten, welche dieser Instanzen bei ihm zielführend sein können.

3.5 Konfrontativer Verhandlungsstil

Auch heute noch bei manchen Discountern beliebt ist der konfrontative Verhandlungsstil. Hier steht das unbedingte Durchsetzen der eigenen Position im Vordergrund. Das geht, wenn Sie die richtigen Mittel haben und die Machtpositionen geklärt sind. Ihr Gegenüber hat nichts zu sagen, Sie bestimmen, wo es lang geht. In der Politik sieht man so ein Verhalten manchmal bei absoluter militärischer und/oder wirtschaftlicher Übermacht (Abb. 3.6).

Das ist in manchen Situationen sinnvoll, vor allem, wenn Sie nur über begrenzte zeitliche Mittel verfügen (was eher die Regel ist) und der Partner und/oder das Produkt nicht relevant und ersetzbar sind. Dann macht es keinen Sinn, eine Beziehung aufzubauen und stundenlang über das C-Produkt zu diskutieren.

Wenn es sich aber um einen Partner oder ein Produkt mit Potenzial handelt, dann sollten Sie sich überlegen, ob Sie wirklich die Reinform wählen oder Ihr Verhalten den zukünftigen Möglichkeiten anpassen. Wenn Sie auf diese Art der Verhandlung stoßen und Sie tatsächlich in einer deutlich unterlegenen Position sind, dann haben Sie schlechte

Abb. 3.6 Konfrontative Verhandlung. (Quelle: Eigene Abbildung)

Karten. Sie brauchen die Ware dringend und es gibt keine Alternative? Dann wird es teuer.

Ich habe allerdings die Erfahrung gemacht, dass das Machtverhältnis nur selten wirklich starr ist, sondern immer leicht verschoben werden kann. Auch dieser Vertriebler will Umsatz machen, und er wird auch noch weitere Treiber haben.

Hier ein Beispiel aus meinem Einkäuferleben: Als Onlinehändler für Kleinkindbedarf ist es sinnvoll, Windeln zu vertreiben. Es gibt einen marktbeherrschenden Hersteller von Windeln, der absolut dominant ist. Die Artikel werden oft von Drogeriemärkten und auch von Lebensmittelketten als Lockartikel in Werbungen genutzt und extrem reduziert angeboten. Das ergibt für diese Märkte Sinn, da die junge Familie als Zielgruppe sehr interessant ist, und meistens mehr Artikel als nur die Windeln im Einkaufskorb landen. Daher muss mit dem Werbeartikel erst einmal nicht unbedingt Gewinn erzielt werden.

Online ist das anders. Sie bekommen zwar eine neue Kundenadresse, und im besten Fall können Sie den Kunden im Nachgang zu weiteren Käufen animieren, beim Erstkauf verkaufen Sie aber oft nur die schlecht kalkulierten Windeln. Die Erfahrung zeigt, dass die Kunden durchaus nachkaufen, allerdings dann oft auch nur wieder die Windeln.

Der Vertriebler des Marktführers erklärte uns damals, dass es nun mal so sei, dass man mit den Produkten kein Geld verdient. Entweder wir machen das Geschäft zu den vorliegenden Konditionen oder gar nicht. Bei der Größenordnung sei es eigentlich eh nicht üblich, überhaupt direkt mit ihm zu sprechen. Er könnte uns auch die Adressen von Großhändlern vermitteln.

Zu diesem Zeitpunkt hätten wir abbrechen können. Es war nicht möglich, mit den Marktpreisen mitzuhalten, ohne Geld zu verlieren. Im Vergleich zu den großen Drogerieketten waren wir nur ein kleiner Fisch, und der mit uns zu erwartende Umsatz war für den Lieferanten nicht relevant. Der Schlüssel zum Erfolg lag in diesem Fall darin, herauszuarbeiten, was neben dem Umsatz noch interessant war. Drei Punkte waren ausschlaggebend:

1. Der Verhandlungspartner liebte Sichtbarkeit. Wir boten an, sein Firmenlogo an einigen prominenten Stellen im Shop zu platzieren.

2. Der Partner war ein Fan von Abo-Modellen. Wenn der Endverbraucher einmal gekauft hatte, erhielt er den Artikel automatisch immer wieder, bis er kündigt. Mehr Kundenbindung geht nicht. Besser und planbarer kann ein Umsatz von Verbrauchsgütern auch nicht sein. Das System kennt man von Amazon. Unser Shop war aber, zumindest was diesen Punkt anging, technisch nicht ganz auf der Höhe. Wir hätten programmieren müssen, und dieses Vorhaben reihte sich in eine Liste von über hundert Verbesserungswünschen ein. Deshalb wurden wir kreativ und lösten das Problem anders. Kunden, die einmal eine Monatsbox gekauft hatten, erhielten ab sofort monatlich einen Newsletter mit entsprechendem Coupon. Die Idee funktionierte und wurde entsprechend gewürdigt.
3. Der Partner schätzte Planbarkeit, und tatsächlich konnte der Verkauf dieser Artikel relativ gut geplant werden. Wir gaben langfristige Forecasts ab.

Dieses Maßnahmenpaket zeigte Wirkung und wir wurden uns einig. In diesem Fall war also nicht der Umsatz ausschlaggebend, sondern andere Treiber. Der Schlüssel ist, gerade bei einer unterlegenen Position kreativ zu werden und die Vorzüge einer Partnerschaft herauszuarbeiten.

> **Training und Umsetzung**
>
> Gerade auf den konfrontativen Verhandlungsstil reagieren unterschiedliche Typen oft komplett anders, und nicht selten sind extreme Reaktionen zu beobachten. Die einen gehen direkt zum Gegenangriff über, während andere in eine Art Starre verfallen und alles über sich ergehen lassen. Beides ist nicht zielführend. Es gibt auch Kollegen, die diesen Stil selber gerne pflegen und damit oft sogar Anfangserfolge erzielen. Langfristig werden dadurch aber Partnerschaften gestört und es entstehen massive Nachteile bis hin zur Beendigung der Zusammenarbeit.
>
> Es ist wichtig, den konfrontativen Verhandlungsstil zu erkennen und den Umgang damit zu üben und erleben, um Überraschungen in Verhandlungen zu vermeiden.
>
> Nehmen Sie dazu abwechselnd die Rolle des konfrontativen Verhandlers und der Gegenseite ein. Die Gegenseite kann dabei so agieren, wie sie es für angemessen hält. Übertreiben Sie ruhig in der Rollenausübung ein wenig. Im Anschluss wird diskutiert, wie es sich in der jeweiligen Position angefühlt hat und ein Fazit über den Erfolg dieser Methode gezogen.

3.6 Reziprozität

Reziprozität bezeichnet die Gegenseitigkeit oder Wechselwirkung im sozialen Austausch. Menschen neigen dazu, andere Menschen zu bestrafen, von denen sie unfair behandelt wurden, und Menschen zu belohnen, die großzügig waren. Reziprozität stellt ein Grundprinzip des menschlichen Handelns dar und spielt daher auch unterbewusst eine große Rolle. Sie ist so tief in uns verankert, dass niemand sich davon freisprechen kann.

Sie sollten sich also auch aufgrund dieses universellen menschlichen Prinzips gut überlegen, ob Sie nicht selbst bei absolut überlegener Verhandlungsposition davon absehen sollten, Ihr Gegenüber abschätzig zu behandeln. Mal abgesehen davon, dass es einfach nicht nett ist, ist die Wahrscheinlichkeit hoch, dass Sie ansonsten wirklich auch nur das bekommen, was Ihnen Ihr Gegenüber in seiner Notlage unbedingt geben muss. Durch ein bisschen weniger Härte wäre eventuell schon heute mehr drin.

Dieses Prinzip kann auch im Positiven genutzt werden. Wer schon einmal in einem Fachgeschäft einen Gratiskaffee oder ein Glas Sekt angeboten bekommen hat, weiß jetzt, warum. Wenn Ihnen etwas Gutes widerfährt, dann wollen Sie das instinktiv zurückgeben, und Ihre Kaufbereitschaft steigert sich nachweislich. Sie sind auch eher bereit, auf die Verhandlung um den letzten Euro zu verzichten, wenn man vorher so nett zu Ihnen war.

Sie können das in der Verhandlung ganz einfach nutzen, wenn es z. B. neben dem üblichen Kaffee auch noch ein Stück Kuchen oder ein paar nett zubereitete Schnittchen gibt. Je mehr das, was Sie anbieten, vom Standard abweicht, umso eher wird es positiv wahrgenommen.

Zudem sollten Sie auch immer das hervorheben, was Sie für Ihren Verhandlungspartner leisten. Die Vorzüge Ihrer Zusammenarbeit sollten klar sein und können auch gerne wiederholt werden. Ihr Verhandlungspartner hat beim letzten Mal nicht einwandfrei geliefert? Der LKW kam einen Tag zu spät an? Die Kommunikation lief nicht rund?

Es gibt immer zwei Möglichkeiten, mit so einem Fehlverhalten umzugehen. Entweder Sie sanktionieren das Fehlverhalten oder Sie entscheiden sich dazu, es noch einmal durchgehen zu lassen. Wichtig ist dann aber auch, klarzumachen, dass hier gerade aufgrund des guten Verhältnisses ein Auge zugedrückt wird. Ihr Gegenüber wird es Ihnen danken.

Es tut der Beziehung im Übrigen auch gut, Ihren Verhandlungspartner anfangs um kleine Gefallen zu bitten. Dieses Phänomen nennt sich **Benjamin Franklin-Effekt.**

Der Effekt trägt den Namen des Schriftstellers, Erfinders und Staatsmannes, der die Taktik gerne nutzte, um Menschen auf seine Seite zu ziehen.

Sie kann in fast allen beruflichen und auch privaten Situationen angewandt werden. Sie fragen Ihren Gesprächspartner, ob er kurz Ihre Tasche hält, damit Sie sich Ihren Schuh zubinden können. Oder Sie bitten ihn um einen Rat. Sie werden sehen – keiner wird Sie zurückweisen. Ganz im Gegenteil. Die kleine Bitte wird sich positiv auf Ihr Miteinander auswirken. Das zeigen zahlreiche Studien zu diesem Thema.

Der Hauptgrund wird in der kognitiven Dissonanz gesehen. Es ist für Menschen schwierig, einen anderen Menschen nicht zu mögen und ihm einen Gefallen zu tun. Wir spüren in diesem Moment, dass da etwas nicht zusammenpasst und unser harmoniesüchtiges Gehirn kann beides, Gefallen und Ablehnung, nicht in Einklang bringen. Es entscheidet sich in diesem Moment unterbewusst dafür, dass wir unser Gegenüber ganz offensichtlich mögen.

Zudem ist davon auszugehen, dass die Person, die um einen Gefallen bittet, wahrscheinlich freundlich gesonnen ist. Das zahlt sich wiederum auf unser reziprokes Verhalten ein: Bist du freundlich zu mir, bin ich freundlich zu dir …

Training und Umsetzung

Das Prinzip des reziproken Verhaltens sollte genutzt werden, sofern es zur Situation passt. In lange vergangenen Einkäuferzeiten wurde im Discount absichtlich eine ungemütliche und stressige Situation erzeugt, um den Verkäufer unter Druck zu setzen. Heute scheint sich der Trend in ein anderes Extrem gedreht zu haben. Es wird mit allen Mitteln versucht, den Pokal als angenehmster und beliebtester Partner zu erhalten. Beides ist in seiner reinen Form nicht zielführend. Verhält sich ein Verhandlungspartner wenig

3 Unterschiedliche Verhandlungsformen

partnerschaftlich oder sogar unprofessionell, dann ist es besser, dieses Fehlverhalten mit der nötigen Deutlichkeit aufzuzeigen, als ihn mit einem weiteren Stück Kuchen dazu überreden zu wollen, sich doch etwas Mühe zu geben.

Geben Sie den Kuchen lieber dem Partner, der wirklich alles gibt, um die Geschäftsbeziehung voranzutreiben. Der hat es verdient, und wenn er merkt, dass Sie sein Engagement wertschätzen, dann wird er noch mehr Einsatz zeigen.

Es ist sinnvoll, einmal intern festzulegen, was von Lieferanten erwartet wird, damit alle im Team die gleiche Auffassung von guter und schlechter Leistung haben. Generell sollte auf eine angenehme Gesprächsatmosphäre geachtet werden, die je nach Performance des Gegenübers entsprechend angepasst wird.

Eine langfristige Ausrichtung, keine Bluffs und respektvolles Handeln sind in jeder Situation entscheidend, damit Sie auch zukünftig Geschäfte miteinander machen können.

3.7 Pacing und Leading

Pacing und Leading sind Techniken aus dem Bereich der Kommunikationspsychologie, die ursprünglich aus dem Neurolinguistischen Programmieren (NLP) stammen. Sie dienen dazu, eine positive Beziehung zu einem Gesprächspartner aufzubauen und ihn durch geschicktes Kommunizieren in eine bestimmte Richtung zu lenken. Dies kann besonders in Verhandlungen von entscheidender Bedeutung sein, um eine konstruktive Atmosphäre zu schaffen und das Gegenüber für die eigenen Argumente zu öffnen.

Die Techniken des Leading und Pacing gehen auf Arbeiten in den 1970er Jahren zurück, insbesondere auf die von Richard Bandler und John Grinder, den Begründern des NLP. Sie kombinierten Erkenntnisse aus Linguistik, Psychologie und Hypnose, um effektive Kommunikationsmethoden zu entwickeln, die in der Praxis zu besseren Ergebnissen führen.

Pacing
Pacing bezieht sich auf das bewusste Spiegeln des Kommunikationsverhaltens des Gegenübers. Dies kann auf verschiedene Weisen geschehen,

etwa durch die Anpassung der Körpersprache, des Sprachtempos oder des Tonfalls. Das Ziel ist es, durch die Spiegelung der Körpersprache und der Kommunikation eine Verbindung herzustellen, die das Vertrauen des Gesprächspartners fördert und eine gemeinsame Basis schafft. Wissenschaftliche Studien, wie die von Chartrand und Bargh (1999) zum „Chamäleon-Effekt", zeigen, dass Menschen, die einander imitieren, als sympathischer und überzeugender wahrgenommen werden.

Leading
Leading folgt nach erfolgreichem Pacing. Hier geht es darum, den Gesprächspartner aktiv in die gewünschte Richtung zu führen. Nachdem eine vertrauensvolle Beziehung aufgebaut wurde, kann der Verhandler durch gezielte Impulse den Gesprächspartner subtil zu bestimmten Themen lenken. Dies geschieht, indem man selbst das gewünschte Verhalten vorlebt, das der Gesprächspartner idealerweise übernimmt.

In der Verhandlungsführung kann Pacing und Leading auf vielfältige Weise eingesetzt werden.

Aufbau von Rapport
Ein grundlegendes Ziel ist es, eine Beziehung des Vertrauens zu schaffen. Indem Sie das Verhalten Ihres Gegenübers spiegeln, erzeugen Sie eine gemeinsame Basis.

Indem Sie durch Pacing auf den emotionalen Zustand Ihres Gegenübers eingehen, können Sie Spannungen abbauen und eine entspannte Verhandlungssituation schaffen.

Zudem können Sie mit gezieltem Leading die Richtung der Verhandlung subtil beeinflussen, indem Sie beispielsweise durch Fragen oder gezielte Statements das Gespräch in eine gewünschte Richtung lenken.

Erfolgreiches Leading und Pacing erkennen Sie daran, dass sie es nicht erkennen. Ich habe es schon oft erlebt, dass diese Technik übertrieben eingesetzt wird. Das macht die komplette Vertrauensbasis zunichte. Es ist wichtig, authentisch zu bleiben. Übertriebene Nachahmung wird schnell als Manipulation wahrgenommen.

Das Pacing sollte zudem ausreichend lange durchgeführt werden, bevor Sie in den Leading-Modus wechseln. Es ist wichtig, das Vertrauen des Gegenübers zu gewinnen, bevor Sie versuchen, das Gespräch zu lenken.

Leading und Pacing sind wirkungsvolle Werkzeuge in der Verhandlungsführung, die eine effektive und zielgerichtete Kommunikation ermöglichen. Sie fördern das gegenseitige Verständnis und schaffen die Grundlage für eine erfolgreiche Verhandlung. Durch die richtige Anwendung dieser Techniken können Sie nicht nur Ihre eigene Position stärken, sondern auch zu einer konstruktiven Lösung für alle Beteiligten beitragen. Wenn Sie es aber übertreiben, dann erreichen Sie mit dieser Technik genau das Gegenteil. Ihr Partner durchschaut, dass Sie ihn manipulieren wollen und wird entsprechend reagieren. Wenn er es mit Humor nimmt, dann spielt er das Spiel mit und macht sich einen Spaß daraus, die eigenen Stimmlage und Haltung ständig zu verändern, nur um zu sehen, wie Sie darauf reagieren. Ich kenne einen Vertriebler, der Pacing und Leading so übertreibt, dass die Kollegen schon Stunden vor dem Gespräch mit ihm großen Spaß an der Vorbereitung haben. Da werden großartige Bewegungsabläufe und die schrillsten Stimmlagen einstudiert.

Die meisten werden allerdings eher stark ablehnend reagieren, wenn sie Sie durchschauen.

> **Training und Umsetzung**
>
> Die Grundvoraussetzung für erfolgreiches Pacing und Leading ist das Erkennen von Mustern und der maßvolle Einsatz. Spricht ihr Verhandlungspartner laut und deutlich und verwendet ausladende Gesten, dann sollten auch Sie eher laut und deutlich und mit Körpereinsatz agieren. Handelt es sich bei Ihrem Gegenüber eher um einen leisen, bedachten und zurückgenommenen Menschen, dann ist auch bei Ihnen ein ruhigeres Vorgehen angebracht.
> Setzen Sie sich mit ihren Kollegen zusammen und bitten Sie jeden, so zu agieren, wie es seiner Natur entspricht. Schreiben Sie danach typische Verhaltensweisen auf. In einem zweiten Gespräch imitieren Sie dezent diese Verhaltensweisen. Danach holen Sie sich Feedback. Wurde die Anpassung als angenehm empfunden oder war sie übertrieben?

Ihr Transfer in die Praxis

- **Regelmäßiges Üben der Basartechnik:** Trainieren Sie die Basartechnik in Rollenspielen, um sich mit dem Feilschen vertraut zu machen und es authentisch einsetzen zu können.
- **Einsatz der Ankertechnik:** Nutzen Sie die Ankertechnik gezielt und vorsichtig, indem Sie Präsentationen und Belege vorbereiten, um Ihre Forderungen zu untermauern.
- **Implementierung des Harvard-Konzepts:** Erstellen Sie für Ihre wichtigsten Lieferanten Konzepte nach dem Harvard-Modell und üben Sie die Anwendung in praktischen Szenarien.
- **Definieren unveränderbarer Instanzen:** Entwickeln Sie für Ihre Verhandlungen unveränderbare Instanzen oder Regeln, die Ihnen helfen, Ihre Ziele zu erreichen.
- **Training von Pacing und Leading:** Üben Sie Pacing und Leading mit Ihren Kollegen, um die Techniken authentisch anzuwenden und die Gesprächsatmosphäre positiv zu beeinflussen.

4
Aus dem Werkzeugkasten eines erfahrenen Einkäufers

> **Was Sie aus diesem Kapitel mitnehmen**
>
> - **Bewältigung verfahrener Verhandlungssituationen:** Entwickeln Sie Lösungsstrategien, um aus festgefahrenen Verhandlungen herauszukommen und zukünftige Konflikte zu vermeiden.
> - **Effektive Messevorbereitung und -nachbereitung:** Nutzen Sie Messen optimal, um strategische Ziele zu erreichen und langfristige Geschäftsbeziehungen zu stärken.
> - **Artikel- und Lieferanten-Clustering:** Lernen Sie, wie Sie Ihre Ressourcen effizienter einsetzen, indem Sie wichtige Artikel und Lieferanten priorisieren und entsprechend behandeln.
> - **Trennung von operativem und strategischem Einkauf:** Verstehen Sie die Vorteile einer klaren Aufgabenverteilung, um eine optimale Performance in beiden Bereichen zu gewährleisten.
> - **Einkaufs-Controlling und Kennzahlen:** Implementieren Sie ein robustes Controlling-System, um die Performance des Einkaufs kontinuierlich zu überwachen und zu verbessern.

4.1 Verfahrene Verhandlungssituationen meistern

Sie haben hoch gepokert und von jeder Menge Alternativen gesprochen. Sie wissen eigentlich, dass Bluffen eine Todsünde in der Verhandlung ist, aber Sie waren verzweifelt. Sie haben gesagt, wenn Ihr Gegenüber nicht auf den Preis eingeht, dann ist er raus. Ihr Gegenüber hat mit den Achseln gezuckt. Dann halt nicht … Blöderweise gibt es in Wirklichkeit keine Alternative, zumindest keine gute. Es geht nicht weiter! Was jetzt? (Abb. 4.1)

Verzwickte Situationen werden Sie immer wieder in Ihrem Einkäuferleben haben. Die oben beschriebene ist eine der schlechtesten.

Sie haben eine Entweder-oder-Entscheidung herbeigeführt und sind mit Vollgas vor die sehr robuste Mauer gefahren. Anfängerfehler … Es gibt drei gute Lösungsansätze, um hier wieder halbwegs gesichtswahrend rauszukommen.

1. Bewegung
Bewegung hilft, das Gehirn wieder frei zu machen, neue Lösungsansätze zuzulassen und die Sache neu zu überdenken. Während unsere Steuerzentrale für Bewegung und Koordination aktiviert wird, wird der Bereich, der für das logische Denken verantwortlich ist, etwas heruntergefahren und kann sich kurz erholen. Dadurch wird der Kopf sprichwörtlich wieder frei. Die Bewegung sorgt zudem für einen Perspektivwechsel und hilft beiden Seiten, aus der unangenehmen Situation herauszukommen. Sobald wir wieder in der Verhandlungssituation sind und unser Gehirn diese als solche erkennt, schaltet es wieder um.

Ein gemeinsamer Spaziergang mit anschließendem Mittagessen in angenehmer Atmosphäre kann Wunder wirken. Der Spaziergang befreit aus der für beide Seiten unangenehmen Situation und das gemeinsame Essen verbindet. Wenn Sie dann noch die Rechnung übernehmen, greift zusätzlich die Reziprozität. Während des Essens oder danach können Sie dann auch gerne fallen lassen, dass Sie es schade finden würden, wenn der Deal zwischen zwei so guten Partnern nicht zustande käme. Und dass Sie aus diesem Grund dann doch etwas kompromissbereiter

Abb. 4.1 Konfliktsituation. (Quelle: Eigene Abbildung)

wären. Fragen Sie nach, was denn die Grenze eines guten Deals für beide Seiten wäre, und schon sind Sie wieder im Spiel.

2. Vertagung
Wenn das alles nicht hilft, dann bleibt nur die Möglichkeit, die Entscheidung noch einmal zu vertagen.

„Ich sehe, wir kommen hier nicht weiter. Ich finde es schade, dass wir so weit voneinander entfernt sind. Ich hätte das Geschäft gerne mit Ihnen gemacht. Ich würde gerne noch einmal alle Vorteile, die Ihr Produkt und die Zusammenarbeit mit Ihnen bieten, überdenken. Vielleicht findet sich ja doch das entscheidende Argument für eine Partnerschaft. Dazu benötige ich etwas Zeit. Vielleicht finden Sie ja auch noch Argumente, die unsere Zusammenarbeit noch mehr unterstützen. Können wir uns in der kommenden Woche noch einmal austauschen?"

Ihr Gesprächspartner sieht, dass er Ihnen nicht egal ist. Wenn es gut läuft, nutzt auch er die Zeit, um nachzubessern.

3. Spielerwechsel
Es kann passieren, dass Ihr Gegenüber gar keinen zweiten Termin möchte. Sie sind sich leider maximal unsympathisch. Oder er signalisiert, dass er gar nicht nachgeben will. In manchen festgefahrenen Fällen bleibt nichts anderes übrig, als die Spieler auszuwechseln. Ihr Kollege muss übernehmen. Wenn es ohne weiteres Porzellanzerschlagen möglich ist, auch die Gegenseite auszutauschen, dann sollte auch das versucht werden. Manchmal ist ein Neustart der einzige mögliche Weg.

Generell gilt: Versuchen Sie, Entweder-oder-Entscheidungen zu vermeiden oder zumindest erst ganz ans Ende einer Verhandlung zu schieben. Sobald Sie Ihren Gesprächspartner vor eine Entweder-oder-Entscheidung stellen, geben Sie die Kontrolle über die Situation ab. Sie finden zudem nicht heraus, ob es noch weitere gute Ergebnisse geben könnte, wie ein besseres Zahlungsziel, eine Valuta, eine höhere Qualität zum gleichen Preis …

All das könnte Ihnen entgehen, wenn Sie zu früh in die Zielkurve einbiegen. Zudem gibt es sehr viele Menschen, die allergisch auf diese Art von Druck reagieren. Besser ist es fast immer, sich über eine offene Diskussion und über das Ausloten von Möglichkeiten zu nähern. Erst ganz zum Schluss, wenn wirklich alle Möglichkeiten erörtert und diskutiert wurden, und Sie einfach keine Möglichkeit mehr sehen, anders ans Ziel zu kommen, ist es in seltenen Fällen ok, Ihren Partner vor eine finale Entscheidung zu stellen. In jeder Verhandlungssituation sollten Sie sich dabei respektvoll verhalten. Selbst wenn Ihr Gegenüber Ihnen unsympathisch ist und Sie nichts von ihm halten, haben Sie wenig davon, ihn das auch spüren zu lassen.

Es gibt auch Momente, in denen Sie spüren, dass Ihr Gegenüber mit dem Rücken zur Wand steht. Eventuell geht es seiner Firma nicht gut oder Sie haben erfahren, dass sein größter Kunde abgesprungen, einer seiner größten Märkte zusammengebrochen ist oder er persönlich dringend einen Erfolg vorweisen muss.

Dürfen Sie das Wissen nutzen? Klar! Aber Sie sollten dabei immer die nötige Fairness an den Tag legen, damit Sie auch in Zukunft mit ihm ins Geschäft kommen können. Falls Sie das nicht tun, wird er sich das merken. Das bedeutet also: Vermeiden Sie Entweder-oder-Entscheidungen und wahren Sie stets ein respektvolles Miteinander.

Beachten Sie diese beiden Punkte, wird es selten nötig sein, an einen anderen Kollegen übergeben zu müssen.

> **Training und Umsetzung**
>
> Gerade die verfahrenen Situationen müssen geübt werden, da in diesen Momenten viele Menschen an ihre Grenzen kommen. Da wird eine Mauer hochgefahren oder nochmal nachgetreten. Ich habe auch schon pure Verzweiflung gesehen. Dabei ist es vollkommen normal, auch in solche Situationen zu geraten. Geübten Verhandlern passiert das selten, aber auch bei ihnen läuft nicht immer alles perfekt ab.
>
> Simulieren Sie daher im Training mit jedem Kollegen eine derartige Situation. Diskutieren Sie im Anschluss, ob die Reaktion hier zielführend war oder ob ein anderes Vorgehen eher zum Erfolg geführt hätte.

4.2 Auf zur Messe!

Messen gehören zu den von Einkäufern am meisten unterschätzten Events des Jahres. Oft wird ein Messebesuch als willkommene Abwechslung zum Büroalltag gesehen: Man kommt mal raus, schaut sich ein paar Neuigkeiten an und plaudert etwas mit alten Bekannten.

Natürlich sind die Zeiten vorbei, in denen es reine Ordermessen gab. Trotzdem hat jede Firma, die auf einer Messe vertreten ist, im Vorfeld Ziele festgelegt. Diese Ziele haben es in der Regel in sich, damit sich der Messeauftritt bezahlt macht. Das erste Ziel ist heute sicher nicht mehr der Tagesumsatz auf der Messe, auch wenn niemand gegen einen Auftrag etwas einzuwenden hat. Selten kann man vor den Vertriebskollegen besser glänzen, als am Abend an der Theke nach getaner Messearbeit mit einem dicken Auftrag vom Lieblingskunden in der Tasche.

Aber auch alle anderen Messevertriebsziele eignen sich vortrefflich, um die eigenen Interessen durchzusetzen. In vielen Fällen ist das sogar der beste Zeitpunkt des Jahres, um scheinbar unlösbare Probleme und die wirklich großen Wünsche anzugehen.

Um eine Messe aus Einkäufersicht zu einer lohnenden Veranstaltung zu machen, ist es zielführend, sie in die drei Teile aufzuteilen: Vorbereitung, Messebesuch und Nachbereitung.

Messevorbereitung
Setzen Sie sportliche und messbare Ziele für jeden Einkäufer und jeden Lieferanten. Die Ziele sollten im besten Fall SMART sein. SMART steht für spezifisch, messbar, akzeptiert (oder attraktiv), realistisch und terminiert. Diese Methode stellt sicher, dass die gesetzten Ziele klar formuliert und erreichbar sind. Dies ist besonders wichtig in der Verhandlungsführung im Einkauf, um strategische und operative Ziele effizient zu verfolgen.

1. spezifisch: Ein Ziel sollte eindeutig und präzise formuliert sein. Es muss klar beschrieben werden, was erreicht werden soll.
Beispiel: „Der Rechnungsrabatt soll um 1,5 Prozentpunkte gesteigert werden."
2. messbar: Der Fortschritt und die Erreichung des Ziels müssen messbar sein. Dies kann durch konkrete Zahlen, Daten oder andere messbare Indikatoren geschehen.
Beispiel: „Die Reklamationsquote soll um zwei Prozentpunkte sinken."
3. akzeptiert oder attraktiv: Ein Ziel muss von allen Beteiligten akzeptiert und als relevant und wichtig angesehen werden. Alternativ kann es auch bedeuten, dass das Ziel so attraktiv ist, dass es Motivation schafft.
Beispiel: „Im Anschluss an die Messe präsentiert jeder Einkäufer seine Erfolge."
4. realistisch: Ein Ziel sollte erreichbar und realistisch sein, unter Berücksichtigung der verfügbaren Ressourcen und der gegebenen Rahmenbedingungen.
Beispiel: „Die Produktionskosten um 5 Prozent durch effizientere Produktionsprozesse senken."

5. terminiert: Ein Ziel sollte einen klar definierten Zeitrahmen haben, innerhalb dessen es erreicht werden soll.
Beispiel: „Bis Ende des nächsten Quartals den Lagerbestand um drei Prozent senken."

Durch die Anwendung der SMART-Methode können vage und undefinierte Ziele in klare umsetzbare Pläne verwandelt werden, was die Chancen auf Erfolg erheblich steigert. Insbesondere im Einkauf, wo es darum geht, strategische Verhandlungsziele zu erreichen, ist die SMART-Methode ein unverzichtbares Werkzeug.

Terminfindung und Zeiteinsatz
Messetermine sind in der Regel deutlich kürzer als Termine bei Ihnen im Haus. Für die Verkäufer zählt hier mehr denn je: Zeit ist Geld! Das sollten Sie nutzen. Platzieren Sie schon im Vorfeld Themen und Wünsche, die Sie auf jeden Fall auf der Messe klären wollen. Betonen Sie, dass auch Sie wenig Zeit auf der Messe haben und diese dringenden Punkte unbedingt klären müssen, bevor Sie zum Messetagesgeschäft übergehen. Lassen Sie sich nicht davon abbringen. Es gibt keine bessere Möglichkeit, schnelle Ergebnisse und Erfolge zu erzielen.

Messeplan
Gehen Sie Ihren Messebesuch strukturiert an und vermeiden lange Laufwege. Auch für Sie gilt: Es gibt keinen besseren Ort und keine bessere Zeit, um schnell bedeutende Fortschritte zu erzielen. Wenn es sich um eine große Messe handelt und Sie nicht jeden Lieferanten besuchen können, dann priorisieren Sie im Vorfeld nach zu erwartendem Ergebnis und Erfolg. Sprechen Sie dann mit den Lieferanten, die Sie nicht besuchen werden, und machen Sie Ihr Vorgehen transparent. Oft ergibt sich dadurch noch eine Veränderung der Prioritäten, da gerade kleinere Lieferanten in so einem Fall oft kreativ werden.

Auftreten und Kleidung
Beides ist immer wichtig und auf einer Messe noch einmal von größerer Bedeutung. Stellen Sie sicher, dass das Auftreten und die Kleidung aller Kollegen zu den Zielen und dem Auftritt Ihrer Firma passen. Sie sollten

dieses wichtige Thema im Vorfeld proaktiv ansprechen. Das erfolgt oft nicht, da Kleidung und Persönlichkeit als privat und unantastbar gewertet werden. Das mag in der Freizeit der Fall sein, auf einer Messe vertritt jeder Kollege mit allem, was er macht, mit allem, was er sagt und auch mit seiner Kleidung die Firma. In vielen Firmen ist es auch Brauch, die Abende dazu zu nutzen, um Meetings in gemütlicher Atmosphäre abzuhalten. Achten Sie darauf, dass diese Meetings nicht ausarten. Es ist verständlich, dass große Leistungen gefeiert werden wollen. Eine Messe ist aber hierfür die schlechteste Zeit und der schlechteste Ort. Bieten Sie Alternativen an. Eine Präsentation aller Erfolge im Anschluss an die Messe im gemütlichen Umfeld spornt zu Höchstleistungen an.

Auf der Messe
Um die Ziele der Vertriebler entsprechend zu adressieren, ist es zielführend, sich im Vorfeld dazu Gedanken zu machen. Nahezu jede Firma wird eine Messe nutzen wollen, um die eigenen Neuheiten zu präsentieren und, was viel entscheidender ist, diese Neuheiten spätestens im Anschluss an die Messe zu verkaufen. Das Hauptziel eines jeden Verkäufers ist es also, Ihnen die neuesten Errungenschaften zu zeigen, bei Ihnen Interesse zu wecken und dann entweder schon auf der Messe oder danach eine Listung zu vereinbaren. Im Umkehrschluss ist es die größte Katastrophe überhaupt, wenn es gar nicht erst zu einer Präsentation der Produkte kommt.

Bestehen Sie darauf, dass Ihre im Vorfeld gesendeten Punkte erst abschließend geklärt sein müssen, bevor Sie zu den Neuheiten übergehen. Das hört sich hart an, ist aber im Grunde nichts anderes als ein Zug um Zug Geschäft, ein Geben und Nehmen. Sie sind natürlich bereit, auf das Hauptziel des Verkäufers einzugehen. Im Gegenzug erwarten Sie aber natürlich auch ein Entgegenkommen. Also zuerst Ihre Anliegen, dann seine. Das ist fair und hat nichts mit übertriebener Härte zu tun.

Analysieren Sie jeden Lieferanten und Vertriebler. Jeder wird weitere ganz eigene Ziele haben und diese sollten Sie auch bereit sein zu bedienen. Allerdings erwarten Sie im Gegenzug auch immer eine Leistung Ihres Partners – immer in der Reihenfolge: Wenn Ihre Ziele erreicht wurden, dann helfen Sie dabei, dass Ihr Partner seine erreicht. Es gibt keinen Ort, auf dem diese Art des Verhandelns so gut funktioniert wie auf einer Messe.

Messeangebote

Nicht selten kommt es vor, dass auf einer Messe spezielle Messeangebote zum Tragen kommen. Folgendes sollte Ihnen dabei zu denken geben:

1. Sie haben im Vorfeld schon Ihre Fähigkeiten und Leistungen herausgearbeitet und wissen, dass Sie ein besonderer Kunde mit ausgeprägten Stärken sind. Sie können mehr als viele andere potenzielle Kunden auf dieser Messe. Und dennoch sollen Sie sich mit dem gleichen Angebot zufriedengeben? Das ergibt wenig Sinn. Messeangebote sind daher der perfekte Aufhänger, in die Verhandlung einzusteigen. Sie sollten niemals einfach so hingenommen werden. Durch eine plausible Darlegung Ihrer Stärken sollte sofort vor Ort geklärt werden, dass Sie mehr erwarten.
2. Eine Messe kann sehr kostspielig sein:

- Ihr Lieferant muss den Stand bezahlen.
- Er muss die Standmiete bezahlen.
- Sein Vertriebsteam erhält Zulagen.
- Die Hotelkosten müssen übernommen werden.
- Im Vorfeld muss Zeit investiert werden, damit alle Kunden auch kommen.
- Es fallen Überstunden an, die wieder abgefeiert werden müssen.
- Nach einer Messe dauert es manchmal Wochen, um wieder in den Regelbetrieb zu kommen.

Kommt es Ihnen nicht auch komisch vor, dass Ihr Lieferant an dem für ihn teuersten Ort und zur teuersten Zeit des Jahres in der Lage ist, Rabatte zu geben? Wer in der Lage ist, Messerabatte zu geben, der kann diesen Rabatt auch ohne Weiteres das komplette restliche Jahr gewähren.

Nach der Messe

Analysieren Sie die Erfolge. Vergleichen Sie die Ziele mit dem, was am Ende dabei herausgekommen ist. Sprechen Sie mit den Kollegen, bei denen es nicht so gut geklappt hat. Finden Sie gemeinsam heraus, welche Punkte beim nächsten Mal noch optimiert werden können. Und feiern Sie gemeinsam die Erfolge, die diese Messe für Sie gebracht hat. Rechnen Sie alles zusammen, machen Sie einen Strich drunter und präsentieren Sie die Erfolge einem möglichst breiten Publikum. Sie werden sehen, dass das dazu beiträgt, eine Messe zu dem werden zu lassen, was sie ist – einer einmaligen Chance.

4.3 Grundsätzliche Verhandlungstipps

respektvoller Rahmen
Jede Verhandlung bedarf – unabhängig von der jeweiligen Verhandlungsmacht – eines respektvollen Rahmens. Nur dadurch kann sichergestellt werden, dass auch zukünftig gemeinsam Geschäfte gemacht werden können.

langfristige Zusammenarbeit
Jede Verhandlung sollte eine langfristige Zusammenarbeit zum Ziel haben und möglichst für beide Seiten auch emotional eine Win Win-Lösung ergeben.

objektive Beurteilung
Beurteilen Sie möglichst objektiv die Sachlage. Was sind die Interessen auf beiden Seiten? Wo ist die Schnittmenge?

Persönliches ausblenden
Blenden Sie persönliche Befindlichkeiten aus. Sie sind nicht hier, um Freunde zu finden.

Verknappung
Arbeiten Sie grundsätzlich mit Verknappung. Es gibt auf Ihrer Seite immer Limitierungen. Sie haben nur eingeschränkten Lagerplatz, eingeschränktes Budget, eingeschränkte Verkaufsfläche, eingeschränktes Personal zur Artikelanlage, eingeschränkte Zeit bis zur Entscheidung usw. Signalisieren Sie, dass etwas unbegrenzt zur Verfügung steht, entwerten

Sie den Punkt (Inflation). Erst durch Verknappung wird Ihre Leistung für Ihre Verhandlungspartner wirklich wertvoll und erstrebenswert.

eine verhandlung ist kein rededuell
Es gewinnt nicht der, der am meisten gesagt hat oder am Ende Recht hat. Lassen Sie Ihre Verhandlungspartner aussprechen, hören Sie ihnen konzentriert zu. Gehen Sie auf die Einwände ein und wertschätzen Sie die positiven Argumente. Die Kunst ist, im richtigen Moment die richtigen Argumente zu bringen. Dieser Moment kommt immer. Wenn er sich nicht mitten im Gespräch ergibt, dann eben ganz am Schluss. Das ist oft sogar der beste Zeitpunkt.

Telefon vs. Videokonferenz vs. persönliches Gespräch
Verhandlungen scheitern oft an Missverständnissen. Wenn eine oder beide Seiten nicht richtig verstanden haben, worum es dem Verhandlungspartner wirklich geht, dann laufen Gespräche oft in die falsche Richtung. Menschen sind Meister darin, Mimik zu interpretieren. Unterbewusst fallen uns auch kleinste Gefühlsregungen unseres Gesprächspartners auf, wenn wir uns voll auf ihn konzentrieren. Wir können sie tatsächlich im Gesicht lesen. Ein kleines Zucken mit den Augen, eine winzige Veränderung der Mundwinkel nach einer Aussage, all das sind Signale, die wir unterbewusst oder bewusst verarbeiten und bei Bedarf gegensteuern können. Auch der Rest unseres Körpers sendet permanent Signale, über die Rückschlüsse gezogen werden können. Es liegt daher auf der Hand, dass wirklich wichtige Verhandlungen immer persönlich vor Ort geführt werden sollten, um die Chancen eines gelungenen Deals zu maximieren. Ist das nicht möglich, dann sollte zumindest eine Videokonferenz abgehalten werden.

Hinhören vs. Hören
Um herauszufinden, was der Gegenseite wirklich wichtig ist, gilt es Ablenkungen soweit wie möglich zu vermeiden. Das Handy sollte ausgeschaltet in der Tasche sein. Es sollte klar sein, dass die Kollegen auch wichtige Fragen erst nach der Verhandlung mit Ihnen klären können. Es gibt zudem einen klaren Unterschied zwischen Hören und wirklichem Hinhören. Seien Sie bei der Sache. Auch wenn Sie noch so viele

andere Dinge zu erledigen haben, in diesem Moment zählt nur dieses Gespräch. Seien Sie aufmerksam und fragen nach. Wichtige Aussagen Ihres Verhandlungspartners sollten Sie mit Ihren Worten noch einmal wiederholen, um sicherzugehen, dass Sie sie wirklich richtig verstanden haben.

Dieses Paraphrasieren dient zudem dazu, dass sich ihr Gesprächspartner verstanden und wertgeschätzt fühlt. Wie immer gilt natürlich auch hier, dass diese Technik nicht übertrieben werden sollte.

Reframing
Hat Ihr Lieferant schlechte Erfahrungen gemacht, die ihn jetzt davon abhalten, entsprechende Zugeständnisse zu machen?

Eine gute Möglichkeit, wieder in einen konstruktiven Modus zu kommen, besteht darin, die genannte negative Erfahrung aufzugreifen und in einen positiven Rahmen zu bringen.

Beispiel 1

Lieferant: „Ich habe noch nie gute Erfahrungen damit gemacht, für Fläche bei meinen Kunden zu bezahlen!"

Einkäufer: „Das heißt, Sie möchten nur noch in Flächen investieren, die sich auch wirklich für Sie lohnen?!"

Beispiel 2

Lieferant: „Ich halte nichts von Werbekostenzuschüssen! Das passt nicht zu uns!"

Einkäufer: „Sie sagen, dass Sie Konditionen möchten, die zu Ihnen passen. Wie sehen die konkret aus?"

Mikrothesen im Coaching
Mikrothesen sind konkrete Aussagen, keine Fragen, die Sie als Coach im personenzentrierten Coaching gegenüber Ihren Klienten äußern, um ein vermutetes Gefühl oder eine vermutete Absicht zu erfassen. Mit diesen Thesen versuchen Sie, den Gefühlen Ihrer Klienten so nah wie

möglich zu kommen und sich einfühlsam in ihre Situation hineinzuversetzen. Ihre Klienten können diesen Aussagen zustimmen oder sie ablehnen. Es ist wichtig, dass diese Aussagen nicht als Fragen formuliert werden, sondern einen fragenden Unterton beinhalten. Sie sollten weich formuliert sein, damit es den Klienten leichtfällt, gegebenenfalls auch zu widersprechen. Schließlich handelt es sich um Annahmen und Vermutungen, die eine Reaktion auslösen sollen.

Mikrothesen sollen Ihre Klienten emotional ansprechen und sie zum Nachdenken bringen. Es ist nicht unbedingt erstrebenswert, eine Mikrothese so zu formulieren, dass sie absolut zutrifft. Eine leichte Abweichung ist besser, da sie die Klienten stärker zum Reflektieren anregt als eine Aussage, die sie einfach nur mit „Ja, genau" beantworten können. Außerdem sollten Mikrothesen so formuliert sein, dass sie die Aufmerksamkeit nur auf die Klienten lenken und keine anderen Themen, Dinge oder Personen einbeziehen.

Beispiele für Mikrothesen
„Möglicherweise sorgen Sie sich darum, dass Sie zu wenig Zeit für sich selbst haben, was Ihnen wie ein Schlag in den Magen vorkommt?!"
„Dieser Gedanke bereitet Ihnen Sorgen, oder?!"
Auch wenn sich das anfangs ungewohnt anfühlt, funktioniert diese Methode im Coaching sehr gut. In abgewandelter Form lässt sie sich auch in Verhandlungen anwenden, um die tatsächlichen Anliegen des Verhandlungspartners zu erfassen und die Wichtigkeit bestimmter Ziele zu verstehen.

> **Praxisbeispiel einer Mikrothese in einer Verhandlung**
>
> Verkäufer (V): „Wir haben in diesem Jahr Umsatz verloren. Das ist hart, besonders da wir mit anderen Kunden stark wachsen. Warum kommen wir mit Ihnen nicht voran?"
> Einkäufer (E): „Wir sehen auch ein Wachstum in diesem Segment, nur leider nicht mit Ihrem Unternehmen. Ihr Mitbewerber hat zugelegt."
> V: „Kein Wunder, er hat eine bessere Platzierung bekommen."
> E: „Stimmt, dafür bezahlen sie."
> V: „Das habe ich meiner Chefin gesagt, aber sie glaubt mir nicht."
> E: „Es sieht also so aus, als würden Sie schlecht dastehen?!" (Mikrothese)

> V: „Ja genau! Sie denkt, ich habe keinen guten Draht zu Ihnen."
> E: „Es könnte sogar den Anschein erwecken, als wären Sie nicht der Richtige für diesen Job?!" (Mikrothese)
> V: „So weit würde ich nicht gehen, aber es ist keine gute Situation."
> E: „Ich möchte Ihnen helfen. Ich kann Ihnen eine bessere Platzierung anbieten, der Preis bleibt jedoch gleich. Was halten Sie davon, wenn ich Ihnen die Vorteile darlege und ein offizielles Angebot mit Ihrer Chefin in CC sende? Außerdem gewähre ich Ihnen einen einmaligen Rabatt. Das Schreiben wird unser Vertrauensverhältnis hervorheben. Wie klingt das?"
> V: „Klingt gut, so machen wir es!"

Dieses Gespräch führte dazu, dass beide Parteien ein signifikantes Wachstum erzielten. Die Beziehung zum Vertriebsleiter verbesserte sich, da sein Hauptproblem verstanden und gelöst wurde. Wichtig war ihm nicht nur der Umsatz, sondern auch das Vertrauen seiner Vorgesetzten.

Fazit
Mikrothesen sind ein kraftvolles Werkzeug, um die Bedürfnisse und Ziele Ihrer Klienten zu erkennen. Wenn diese klar sind, ist es leichter, darauf hinzuarbeiten.

Offene fokussierte Fragen
Nutzen Sie immer offene fokussierte Fragen, die ein positives Ergebnis implizieren (Abschn. 3.1). Geschlossene Fragen werden gerne mal mit einem Nein beantwortet. Bei offenen Fragen, die ein positives Ergebnis implizieren, müssen Begründungen gefunden werden, warum das nicht geht. Und genau da können Sie wieder einhaken.

Statt „Gibt es noch einen zusätzlichen Rabatt?" – „Welchen zusätzlichen Rabatt gewähren Sie?"

Statt „Ist es möglich früher anzuliefern?" – „Wie viele Tage früher können Sie anliefern?"

Wenn Verhandlungen ins Stocken geraten, weil eine klare Absage vorgebracht wurde, eignen sich diese offenen Fragen, um wieder in den Verhandlungsmodus zu kommen und weitere Möglichkeiten zu eruieren:

„Wie machen wir jetzt weiter?"

„Wie kriegen wir die Kuh jetzt vom Eis?"

„Wenn das nicht geht, was geht denn dann?"
So fordern Sie Ihr Gegenüber auf, aktiv neue Vorschläge zu bringen.

Schweigen ist Gold
Schweigen kann offene Fragen ersetzen (Abschn. 3.1). Das ist ein sehr wirksames, aber auch aggressives Stilmittel. Einfach mal nichts zu einem Angebot zu sagen und Ihr Gegenüber nur abwartend anzuschauen, ist oft die wirksamste Methode, um schnell voranzukommen, und ersetzt viele Worte. Die Mimik und auch die Haltung sollten in diesem Moment zu der Situation passen. Abgesehen vom direkten Blickkontakt, hilft auch ein Achselzucken, ein Aufeinanderpressen der Lippen oder das Verschränken der Arme. Es sollte zu sehen sein, dass Sie auf ein neues Angebot der Gegenseite warten.

Sie können die Aggressivität etwas herausnehmen, indem Sie Ihr Warten auf ein besseres Angebot oder Ihre Ablehnung vertonen.

V: „90 Tage netto, mehr bekomme ich intern nicht durch!"
E: Schweigen, Blickkontakt
V: „Ich bin hier wirklich an meiner Grenze!"
E: Seufzen
V: „Ok, ich versuche intern 60 Tage durchzukriegen!"
E: „Puh… (Blickkontakt)"

Sie dürfen es hier nur nicht übertreiben, spätestens wenn sich nach dem dritten Versuch nichts tut, sollten Sie wieder in die Diskussion kommen.

Angemessenes Auftreten
Dieser Punkt wird oft unterschätzt, obwohl er entscheidend für einen der wichtigsten Faktoren ist: den ersten Eindruck.

Ausschlaggebend ist immer, ob die gewählte Kleidung und die gewählte Wortwahl auf die Ziele des Unternehmens einzahlen oder nicht. Man kann hier wirklich viel falsch machen.

Je nach Branche und Zielsetzung kann auch heute noch ein gutsitzender klassischer Anzug die richtige Wahl sein. Handeln Sie mit Lifestyle-Produkten und Ihr Gegenüber ist der Kategorie Hippster zuzuordnen, dann liegen Sie damit wahrscheinlich nicht richtig. Piercings und auffallende Tattoos können in manchen Branchen ok sein, in anderen rufen sie ein Störgefühl beim Verhandlungspartner hervor. In jedem Fall sollte sich über den Punkt Auftreten Gedanken gemacht werden. Ich habe gute Erfahrungen damit gemacht, diesen Punkt einheitlich festzulegen und auch hier mit Minimumstandards zu arbeiten. Die Gefahr ist ansonsten zu groß, dass manche Einkäuferkollegen den eigenen Lifestyle über die Zielsetzung des Unternehmens stellen und die Wahl der Kleidung sowie der Wortwahl kontraproduktiv sind.

Die Grundregeln müssen natürlich in jedem Fall beachtet werden und ich empfehle dringend, Verstöße gegen diese Regeln anzusprechen. Ungepflegte Hände, zu viel Parfum oder schmutzige, ungebügelte Kleidung gehen gar nicht.

Gemeinsame Ziele
Nehmen Sie die gleiche Seite wie Ihr Verhandlungspartner ein. Beide Seiten wollen den Abschluss, jetzt müssen nur noch Argumente und Lösungen gefunden werden, damit Sie gemeinsam durchs Ziel kommen.

Gemeinsame Gegner
Gemeinsame Gegner verbinden ungemein.

Beispiele

Ihr Kollege betreut den größten Wettbewerber Ihres Verhandlungspartners und weder Sie noch Ihr Lieferant wollen, dass die beiden Konkurrenten an Ihnen vorbeiziehen.

Sie sind gemeinsam so weit gekommen und jetzt streikt der Finanzbereich aufgrund des Zahlungsziels. Wie kriegen Sie die Kuh vom Eis?

Der größte Wettbewerber Ihres Gesprächspartners hat schon 17 % der Werbefläche gebucht und Sie machen sich Sorgen, dass sein Umsatzanteil in Ihrem Sortiment zu groß wird. Wie können Sie das gemeinsam verhindern?

Wichtig ist, dass an den Argumenten auch etwas dran ist. Die größten Wettbewerber und Gegner sind oft besser vernetzt, als Sie glauben. Frei erfundene Geschichten sollten unbedingt vermieden werden, um langfristige Störungen der Beziehung zu vermeiden.

Unumstößliche Company Rules

„Das ist bei uns nicht zulässig." „Das ist bei uns strikt geregelt. Wir müssen einen anderen Weg finden." „Bei diesem Punkt sind mir die Hände gebunden." Wenn Sie Diskussionen zu einem Punkt im Keim ersticken wollen, dann eignet sich diese Methode hervorragend.

Ihr Leistungskatalog

Um Verhandlungen über Standards zu vermeiden, bietet es sich an, einen einheitlichen Leistungskatalog zu erstellen. Dieser Katalog gilt für alle Lieferanten weltweit und ist unumstößlich. Der Verhandlungsführer hat keinerlei Möglichkeiten, diese Bedingungen aufzuweichen oder zu verändern. Die einzige Möglichkeit, an die jeweilige Belohnung zu kommen, ist, die vorgegebene Leistung zu erbringen.

Dabei ist es zielführend, dass die Leistung und die entsprechende Belohnung in einem logischen Kontext stehen. Der Vorteil für den Lieferanten sollte offensichtlich sein.

Beispiele

Bei einem Zahlungsziel von 90 Tagen wird mehr Lagerplatz gewährt. – Dadurch kann mehr gekauft werden und die Wahrscheinlichkeit von Out of Stock-Perioden sinkt (und damit auch die Zeit der 0-Verkäufe, was wiederum schnellere Nachkäufe beim Lieferanten ermöglicht).

Bei einer Liefertreue von X wird eine bevorzugte Avisierung an dem Logistikstandort freigeschaltet. – Anlieferungen können jetzt kurzfristiger avisiert oder abgesagt werden.

Ab einer Spanne von X Prozent werden Artikel des Lieferanten bevorzugt angelegt. – Neuheiten sind schneller sichtbar.

Ab einer Abverkaufsquote von Y Prozent ohne Reduzierung erhält der Lieferant Premiumstatus und ist bei der nächsten Ausschreibung automatisch dabei – Der Lieferant wird für ein gutes Preis-Leistungsverhältnis seiner Artikel belohnt.

Leistungskataloge Ihrer Lieferanten

Wahrscheinlich werden auch einige Ihrer Lieferanten mit diesem Mittel arbeiten. Es ist schließlich eine der effektivsten Arten, Konditionswildwuchs zu vermeiden und generell Verhandlungssituationen zu minimieren. Verhandlungen kosten immer viel Zeit und Mühe, und man braucht die richtigen Leute dazu. Die kosten Geld, und wenn man sich mal in einer Person geirrt hat, dann kann das teuer werden.

Das Einfachste und aber auch leider Schlechteste, was Sie jetzt tun können, ist, diese Bedingungen einfach zu akzeptieren. Hier versucht gerade jemand, den konfrontativen Verhandlungsstil konsequent durchzusetzen. Friss oder stirb! In den seltensten Fällen werden Sie es nötig haben, komplett auf die Knie zu gehen. Hinterfragen Sie jeden Punkt.

Ihr Verhandlungspartner kann diese Punkte nicht verändern? Dann ist er der Falsche! Brechen Sie die Gespräche ab und verlangen Sie, den Entscheider zu sprechen. Irgendwer wird diese Forderungsliste ja geschrieben haben. Ich habe noch nie erlebt, dass nicht noch etwas zu holen war. Gehen Sie die Liste Punkt für Punkt durch. Manche Punkte werden akzeptabel sein, da Sie die Anforderung erfüllen und die entsprechenden Konditionen bekommen. Das bedeutet nichts anderes, als dass Sie mit diesem Punkt einen Wunsch Ihres Partners hundertprozentig erfüllt haben.

Jetzt ist er dran! Wie kommt er Ihnen entgegen bei dem Punkt, den Sie gerade nicht erfüllen? Was ist die Light-Version dieser Bedingung? Es macht Sinn, jeden Kollegen auf diese Form der Verhandlung vorzubereiten, da sie bei unvorbereiteten und unerfahrenen Kollegen oft zu einem Schulterzucken führt. „Da kannste nix machen…" Doch, können Sie!

Design to Value
Zahlen Sie nur für das, was Sie auch benötigen. Es gibt Vorzüge, die in Wahrheit gar keine sind. Ihr Produzent kann die Shorts auch mit Holzknöpfen ausstatten? Zahlt Ihr Kunde dafür mehr oder kaufen mehr Kunden die Shorts? Falls das nicht der Fall ist, dann bleiben Sie bei der günstigen Variante.

Gegenargumente und andere Sichtweisen
Es wird vorkommen, dass Sie sich in einer Diskussion wiederfinden, in der beide Seiten nicht nur versuchen, die eigene Sichtweise mit Argumenten zu belegen, sondern dazu übergegangen sind, die Sichtweise des Verhandlungspartners mit Argumenten widerlegen zu wollen. Diese Art der Diskussion ist selten zielführend. Zum einen hört es niemand gerne,

dass seine Sicht der Dinge eigentlich totaler Quatsch ist, zum anderen ist die Gefahr auch groß, dass Sie Ihren Gesprächspartner damit unbewusst bloßstellen. Das kann vor allem dann der Fall sein, wenn auf der anderen Seite mehrere Personen sitzen.

Ich kann mich noch gut daran erinnern, als ein Vertriebsleiter eines bekannten Möbelproduzenten vor uns saß und uns erklären wollte, dass das Internet von den Endverbrauchern nur dazu genutzt wird, Ersatzteile oder Zubehör zu bestellen, da diese oft bei den großen Möbelhäusern nicht vorrätig seien. Sein Key Account nickte dabei permanent kräftig, wohl um seine Zustimmung zu dieser Erkenntnis zu demonstrieren.

Die einzige mögliche Steigerung wären beide Daumen in der Luft und ein Zwinkern Richtung Chef gewesen. Aber das sparte er sich zum Glück. Aus diesem Grund wollten sie uns keinen marktgerechten Einkaufspreis auf die interessanten Artikel geben, sondern nur bei den Kleinteilen etwas Nachlass gewähren.

Vielleicht hatten die beiden das im Vorfeld so besprochen und hielten es für eine überragende Strategie. Die Situation war auf jeden Fall etwas merkwürdig, und die Begründung für die Ablehnung ergab überhaupt keinen Sinn. Die Faktenlage sprach komplett gegen diese Theorie aus den 2000er Jahren. Kein Wunder, wir hatten 2021.

Längst hatte E-Commerce den stationären Handel auch bei vielen großen und teuren Artikeln überholt oder nahm zumindest einen bedeutenden Stellenwert ein. Man musste sich nicht einmal für dieses Thema besonders interessieren, um jeden Tag darauf gestoßen zu werden. Aussterbende Innenstädte, jeder zweite Wagen im Stau ein DHL-/Amazon- oder Hermes-Transporter, zurückgehende Kundenfrequenz in den Geschäften etc. Es gab da schon das eine oder andere Indiz.

Keine Ahnung, wo die beiden in den letzten 15 Jahren gewesen waren, um das nicht mitzukriegen. Mein Kollege fand die Aussage anscheinend blöd genug, um sich dazu hinreißen zu lassen, genau das zu fragen. Das wiederum brüskierte den Vertriebsleiter offenbar so sehr, dass er ganz augenscheinlich, inklusive Gestik und Mimik, in eine Abwehrhaltung überging. Sein Vertriebskollege versuchte gar nicht erst, das Geschäft noch zu retten, sondern gab sich alle Mühe, seinem angezählten Chef beizustehen. Er holte aus und erklärte uns, warum

Onlineshops eigentlich nur störten, während sein Chef mit rotem Kopf und verschränkten Armen dasaß.

An dem Tag erzielten wir keine Einigung. Die Karre war so vor die Wand gefahren, dass wir das Gespräch so höflich wie nur möglich beendeten und ein erneutes Treffen in ein paar Monaten vereinbarten.

Die Erkenntnis aus dem Debakel: Es geht nicht darum, Recht zu haben. Ziel muss sein, das Geschäft abzuschließen. Wenn der Verhandlungspartner unsinnige Argumente anführt, dann ist das noch lange kein Grund, ihm das auch zu spiegeln. Viel besser wäre es in der obigen Situation gewesen, in seiner Aussage zumindest den Hauch einer akzeptablen Meinung zu suchen, diese kurz zu bestätigen und dann die für das Geschäft sprechenden Argumente zu bringen.

Wie hätte das Gespräch also besser laufen können?
V: „Die Endverbraucher nutzen den Onlinehandel ja in erster Linie, um sich mit Dingen einzudecken, die sie bei unseren stationären Kunden nicht direkt finden!"

E: „Tatsächlich war es eine lange Zeit so, dass viele Endverbraucher Angst davor hatten, höherpreisige oder erklärungsbedürftige Artikel online zu bestellen. Zum Glück hat sich diese Zurückhaltung in den letzten Jahren aufgelöst und dreht sich inzwischen sogar komplett! Unsere stärksten Sortimente sind die im Hochpreissegment."

V: „Das kann ich kaum glauben! Warum sollte das so sein? Unterbieten Sie alle stationären Wettbewerber?!"

E: „Der Verkaufspreis ist ein Hygienefaktor. Wenn wir viel zu teuer wären, würde niemand bei uns kaufen und wir würden auf den Kosten sitzen bleiben. Das ist aber nicht der ausschlaggebende Punkt, weil wir niemals mit jeder stationären Prozentaktion mithalten können und wollen. Wenn es wieder mal 30 % auf den Geburtstag der Schwiegermutter in dem Möbelgeschäft in Buxtehude gibt, dann gehen wir darauf nicht ein. Wir kriegen das ja gar nicht mit. Wir haben unsere Kunden gefragt, was sie an uns schätzen. Sie schätzen die neutrale, aber informativ hochwertige Präsentation der Produkte auf unserer Seite. Sie schätzen unser großes Sortiment und unsere schnelle Lieferung. Und wenn dann doch etwas schiefläuft, dann schätzen Sie unseren Kundenservice."

V: „Das mag ja alles sein, aber wir sind flächendeckend in Deutschland in den Möbelhäusern vertreten!"

E: „Aber doch nicht exklusiv, es stehen noch andere Markenartikel neben Ihren Produkten, oder?"
V: „Was für eine Frage! Klar! So ein Möbelhaus ist verdammt groß!"
E: „Ein Grund, weshalb Ihr größter Mitbewerber XY die Zusammenarbeit mit uns so sehr schätzt, ist unsere riesige Reichweite und Sichtbarkeit. Es gibt kaum jemanden aus der Zielgruppe, der nicht vor dem Kauf einmal bei uns stöbert. Laut Mitbewerber XY konnte er dadurch seine Umsätze auch stationär enorm steigern, seitdem er bei uns sichtbar ist. Die Kunden fragen direkt nach seiner Marke in den Möbelhäusern, weil sie sie vorher schon einmal in einem Premiumambiente bei uns gesehen haben. Zugegeben, nicht unser Lieblingsargument für eine Zusammenarbeit. Die Umsätze würden wir schon gerne selbst machen und nicht den Stationären überlassen. In der Regel profitieren aber zum Glück alle davon."
V: „Hmm…"
E: „Hier ein Vorschlag: Sie versetzen uns in die Lage, die Artikel zu einem marktgerechten Preis anzubieten, und wir übernehmen die ganze Arbeit. Wir legen die Artikel an, prüfen sie nochmal gewissenhaft, präsentieren sie auf unserer Seite, und zusätzlich sorgen wir auch noch für Sichtbarkeit auf vielen anderen Kanälen. Wie klingt das für Sie?"
V: „So habe ich das noch nicht gesehen. Was sind denn marktgerechte Preise für Sie?"
Genau so lief das Gespräch einige Monate nach dem ersten Desaster ab. Auf einmal öffneten sich Möglichkeiten, und heute ist das Unternehmen einer der größten Kunden des Möbelherstellers.

Vermeiden Sie religiöse und politische Diskussionen!
Religion und Politik haben nichts in einer Verhandlung zu suchen. Zu groß ist die Gefahr, mit einer unbedachten Bemerkung tiefe, unüberwindbare Gräben zu schaffen. Startet Ihr Verhandlungspartner mit einem der beiden Themenfelder, dann versuchen Sie, dieses Minenfeld so schnell wie möglich wieder zu verlassen.

Endspurt kurz vor der Ziellinie
Kurz vor dem Handschlag ist ein guter Zeitpunkt, noch einmal ein kleines Entgegenkommen bei einem bisher nicht besprochenen Punkt einzufordern. Jetzt will Ihr Verhandlungspartner diesen Auftrag unbedingt.

Er hat so viel Zeit und Kraft investiert! Das darf nicht umsonst gewesen sein!

Übertreiben Sie es, kann aber auch alles vorbei sein. Es ist wichtig, nicht noch einmal etwas aufzugreifen, was bereits diskutiert wurde, und auch nicht zu übertreiben. Jetzt noch einmal fünf Prozent zu fordern, bringt wahrscheinlich die komplette Verhandlung zum Scheitern. In diesem Moment ein oder zwei zusätzliche Anlieferungstermine für die Gesamtmenge zu fordern oder eine Valuta ins Spiel zu bringen, kann aber durchaus funktionieren.

> **Training und Umsetzung**
>
> Die Grundregeln des Verhandelns müssen jedem Kollegen in Fleisch und Blut übergegangen sein. Das heißt, es reicht nicht aus, neuen Kollegen ein Handout in die Hand zu drücken. Dieses Handout unterschreiben zu lassen, macht es nicht viel besser. Nehmen Sie sich für das Onboarding einen halben Tag Zeit und besprechen Sie jeden einzelnen Punkt. Holen Sie sich Feedback und stellen Sie sicher, dass der Inhalt verstanden und als unumstößliche Regel akzeptiert wurde. Ein Verstoß gegen diese Regeln führt nahezu immer zu einem deutlich schlechteren Verhandlungsergebnis und kostet die Firma damit Geld.

Übung macht den Meister

Das ist einer der wichtigsten Punkte überhaupt. Es reicht nicht aus, von den verschiedenen Verhandlungstechniken und der Einwandbehandlung schon einmal gehört zu haben. Eine Verhandlung ist für die meisten Menschen keine Selbstverständlichkeit. Sie widerspricht, zumindest in unserem Kulturkreis, vielen von klein auf gelernten Prinzipien.

Wir sollen nicht fordern! „Bescheidenheit ist eine Tugend!" Wir sollen höflich fragen und mit dem Ergebnis zufrieden sein. „Kinder, die was wollen, kriegen was auf die Bollen!" Die Sprüche sind alt und wurden durch modernere Floskeln ersetzt, aber sie sind tief in unserer Gesellschaft und Kultur verankert.

Auf einmal mit Nachdruck für sich und seine Sache einzustehen, bedeutet für viele Menschen eine riesige Überwindung. Kommt dann auch noch Gegenwind in Form eines Einwandes, ist es für die meisten endgültig vorbei. Das bedeutet Stress pur, und Sie müssen das trainieren!

Um die ersten Verhandlungen nicht zu einem demotivierenden und vor allem teuren Desaster werden zu lassen, ist es unbedingt erforderlich, Standardsituationen im Vorfeld mit erfahrenen Kollegen oder einem Trainer zu üben. Der Umgang mit Standardsituationen muss so in Fleisch und Blut übergehen, dass er auch in stressigen Situationen ohne nachzudenken automatisch abgerufen wird.

Es bringt Ihnen nichts, wenn Ihnen in einem ruhigen Moment, ein paar Stunden nach der Verhandlung wieder einfällt, was in dem Moment gut gewesen wäre. Das muss sitzen! Je öfter Situationen geübt werden, umso sicherer werden Sie.

Jeder kennt das vom Sport. Selbst im Kreisligafußball wird zweimal pro Woche trainiert, auch wenn sich die Trainingsbeteiligung auf den unteren Rängen oft in Grenzen hält und Höchstleistungen eher an der Theke im Vereinsheim erbracht werden. Auf den oberen Plätzen der Kreisliga kann man dann aber schon durchaus von Sport sprechen. Im Training zeigt sich zweimal pro Woche, wer am Sonntag auf dem Platz steht und wer die Bank drückt. Im Profisport wird natürlich täglich trainiert. Klar, da geht es um richtig viel Geld! In Standardsituationen weiß jeder in der Mannschaft durch unzählige Wiederholungen, was genau zu tun ist.

Was wird jetzt genau von mir erwartet? Was machen die anderen?
Alle Prozesse müssen klar geregelt sein und so oft wiederholt werden, bis jeder Schritt sitzt. Und auch Situationen, die eher nicht so häufig vorkommen, werden durchgespielt, um auch darauf vorbereitet zu sein.

Es ist bei jedem Sport, bei jedem Hobby und in jedem Job das Gleiche. Wollen Sie etwas Neues lernen und wirklich gut darin werden, dann müssen Sie Zeit investieren und üben. Sie schauen sich bekannte und etablierte Techniken von den Profis ab und versuchen sie so gut wie möglich für sich zu adaptieren. Das klappt am Anfang nur mäßig gut, aber irgendwann macht es klick und Sie beherrschen die Basics. Ab jetzt können Tricks und Kniffe geübt werden, mit denen Sie sich von den anderen absetzen können.

Dort, wo es wirklich darauf ankommt, dass nichts schiefläuft, wird trainiert bis zum Umfallen. Die intensivste Trainingsmethode, um das Funktionieren in Extremsituationen sicherzustellen, ist altbekannt und wird in jeder Armee der Welt seit Jahrhunderten genauso angewendet. Die wichtigsten Schritte werden immer und immer wieder geübt, bis sie sitzen. Die einfachsten Bewegungen werden unter verschiedenen Bedingungen so oft wiederholt, dass es vielen Außenstehenden schon fast surreal und überflüssig vorkommt, was die da machen. Aber das ist es nicht.

Es sichert das Überleben unter extremen Umständen. In extrem stressigen Situationen schaltet unser Gehirn in den Überlebensmodus, und dann werden auch die Feingeister unter uns zu intellektuellen Toastbroten. Vieles, was sonst normal ist, wird dann heruntergefahren. Der Sympathikus aktiviert bei akuter Gefahr die Kampf- oder Fluchtreaktion.

Ein Alarmsignal aus dem Gehirn setzt einen Adrenalinstoß aus der Nebennierenrinde frei, der über das sympathische Nervensystem und über den Blutstrom binnen kurzer Zeit das Körpergeschehen auf die physiologischen Bedürfnisse einer Alarmreaktion umstellt. Im Zuge dieser Veränderung kommt es zu messbaren körperlichen Reaktionen. Vermehrte Ausschüttung von Stresshormonen, Beschleunigung von Herzfrequenz, Puls und Atemfrequenz, Zunahme des Blutdrucks, von Fett und Zucker im Blut, Erhöhung der Blutgerinnungsfaktoren, Pupillenerweiterung, Senkung des Hautwiderstands, Muskelanspannung, Anstieg der Milchsäure, Verminderung der Immunabwehr.

Kurz gesagt, Ihr Körper ist beschäftigt! Für logisches Denken sind dann keine Kapazitäten frei.

Das ist der Grund, warum jeder Soldat, der für den Kampfeinsatz ausgebildet wurde, sein Gewehr ohne zu überlegen in wenigen Sekunden zerlegen und wieder zusammenbauen kann. Das ist überlebenswichtig, wenn der Gegner auf Sie zustürmt und das Ding mal klemmt. Das wird so lange geübt, bis es sitzt. So lange, bis nicht mehr nachgedacht werden muss, wo jedes Teil hinkommt und wie es eingesetzt wird.

Die Soldaten müssen das Gelernte immer wieder zeigen, während sie von ihrem Ausbilder angebrüllt werden. Das macht der nicht (nur), weil er Spaß daran hat. Hier soll eine Stresssituation simuliert und überprüft werden, ob das Erlernte auch unter diesen Umständen abgerufen werden kann. Weniger häufige Fälle werden nicht so exzessiv geübt, aber zumindest einmal besprochen oder simuliert.

4 Aus dem Werkzeugkasten eines erfahrenen Einkäufers

> Wiederholtes Training gibt Sicherheit und erhöht die Wahrscheinlichkeit, in einer Stresssituation richtig zu handeln.

Exkurs

Meine Wehrpflichtzeit ist inzwischen einige Jahre her. Ich beschloss, mich damals freiwillig zu einem Nato-Auslandseinsatz in Bosnien zu melden.

Vor meinem Einsatz wurden wir auf einem großen Bundeswehr-Ausbildungsstützpunkt in Hammelburg auf alle möglichen Gefahren vorbereitet. Die Ausbildung war wirklich gut und hatte zudem einen Event-Charakter, was das Ganze noch eindrucksvoller machte. Es flogen Hubschrauber nur wenige Meter über uns, sodass wir das Geräusch der Rotoren in unserem Bauch und den Luftzug auf unserer Haut spüren konnten. Wir wurden mit echter Munition überschossen, damit wir lernten, wie sich das anhört und anfühlt, und es gab als Zivilisten verkleidete Soldaten, die in Gefahrensituationen gerieten oder die eigene Einheit in Gefahr brachten. Da lagen Kameraden geschminkt und schreiend am Boden und mussten versorgt werden.

Wir wiederholten Standardsituationen, übten den Häuserkampf, den Umgang mit möglichen Ausschreitungen und die nötigsten Sätze in serbischer Sprache, um unserem Gegenüber signalisieren zu können, dass es jetzt für alle Beteiligten besser wäre, nicht näherzukommen.

Wie üblich wurden wir bei der Ausbildung ziemlich auf Trab gehalten und waren entsprechend fertig. Und auf einmal stand er da! Ein Bus, der uns zum nächsten Ziel bringen sollte. Normalerweise wurde alles zu Fuß und im Laufschritt erledigt.

Ich sah bei meinem Kameraden ein glückliches Lächeln im Gesicht, und auch ich freute mich schon darauf, während der Fahrt ein paar Minuten zu schlafen. Wir stiegen ein, die Türen schlossen sich, und noch bevor der Bus losfuhr, hatte ich die Augen schon zu. Ein paar Minuten später wurde ich ziemlich abrupt aus meinen Träumen gerissen. Maskierte Männer stürmten den Bus und hielten uns Pistolen und Gewehre an den Kopf. Dabei brüllten sie die ganze Zeit.

Der Grund dieses Exkurses war die Gefangennahme niederländischer UN-Soldaten ein paar Jahre zuvor. Sollten wir in eine ähnliche Situation kommen, dann sollte hier schon trainiert werden, was zu tun ist. Zudem wurde beobachtet, wer sich wie in dieser Stresssituation verhält. Diese Trainingssituation fühlte sich in diesem Moment so unglaublich echt an! Ich habe da erwachsene Männer in Panik gesehen.

Nach einer Viertelstunde war der Spuk vorbei. Lagebesprechung! Was lief gut? Was hätte anders gemacht werden müssen? Die, die in Panik geraten waren, waren am nächsten Tag nicht mehr da. Der Rest machte mit dem guten Gefühl weiter, auch auf solche Situationen vorbereitet zu sein.

Auch im zivilen Bereich, egal ob bei der Polizei, bei der Feuerwehr oder im Rettungsdienst, wird genauso trainiert, da es auch hier darauf ankommt, in entscheidenden Situationen zu funktionieren.

In der Nähe von Marl kann man eine AFF-Ausbildung absolvieren. AFF steht für Accelerated Freefall, also eine beschleunigte Ausbildung zum Erlernen des Fallschirmspringens.

Zwei Tage haben mein Kollege und ich mit einigen anderen im Schulungsraum und am Übungsgestell verbracht, bis wir endlich eine Woche später springen durften.

In den beiden Tagen wurde immer und immer wieder der Ablauf geübt.

Zudem wurde auch immer und immer wieder geübt, was gemacht werden muss, wenn etwas nicht dem Standard entspricht.

Was, wenn sich der Schirm nicht richtig öffnet, wenn Ihre Seile verdreht sind?

Wir mussten das immer wieder wiederholen und bei jedem Griff und jeder Bewegung laut sagen, was wir da tun.

Das spart wertvolle Sekunden. Vor allem gibt es aber die nötige Sicherheit vor dem ersten Sprung aus 4200 m Höhe. Was soll schon passieren?! Sie sind vorbereitet! Die ersten Sprünge machen Sie zudem nicht allein.

Zwei Trainer springen mit Ihnen aus der Tür und fliegen neben Ihnen her. Während des Freiflugs geben sie Ihnen Signale, wie Sie Ihre Haltung verbessern können, und es gibt eine Besprechung im Anschluss, bei der Sie sich noch einmal gemeinsam das Video anschauen und Fehler analysieren.

Wie war die Körperhaltung während des Freifluges?
Wurde auf Kommandos richtig reagiert?
Wie war der Gleitflug, wie die Landung? (Abb. 4.2).

Bei einer Verhandlung geht es zum Glück selten um Leben oder Tod, aber es ist oft eine einmalige Gelegenheit, die entscheidenden Konditionen zu holen oder eben nicht.

Es kommt nicht selten vor, dass unerfahrene Verhandler in dieser entscheidenden Situation einen Blackout bekommen. Das ist genau der Moment, in dem das Notfallsystem ungefragt die Kontrolle übernimmt. Dann geht auf einmal nichts mehr. Sie sehen bei den Kollegen den Schweiß auf der Stirn und hören, wie sie unsinnige Wörter stammeln (in den seltensten Fällen wird zum Glück direkt die Flucht ergriffen). Aber auch erfahrene Einkäufer kommen bei unangenehmen Themen oder Verhandlungspartnern schnell an ihre Grenzen.

4 Aus dem Werkzeugkasten eines erfahrenen Einkäufers

Ist die Verhandlung vorbei, und es steht nicht das bestmögliche Ergebnis auf der Vereinbarung, dann wird das teuer. Eventuell haben Sie sich mit diesem Versagen für ein komplettes Jahr aus dem Markt geschossen. Im schlimmsten Fall war es der Todesstoß für Ihre Firma oder Ihre Karriere.

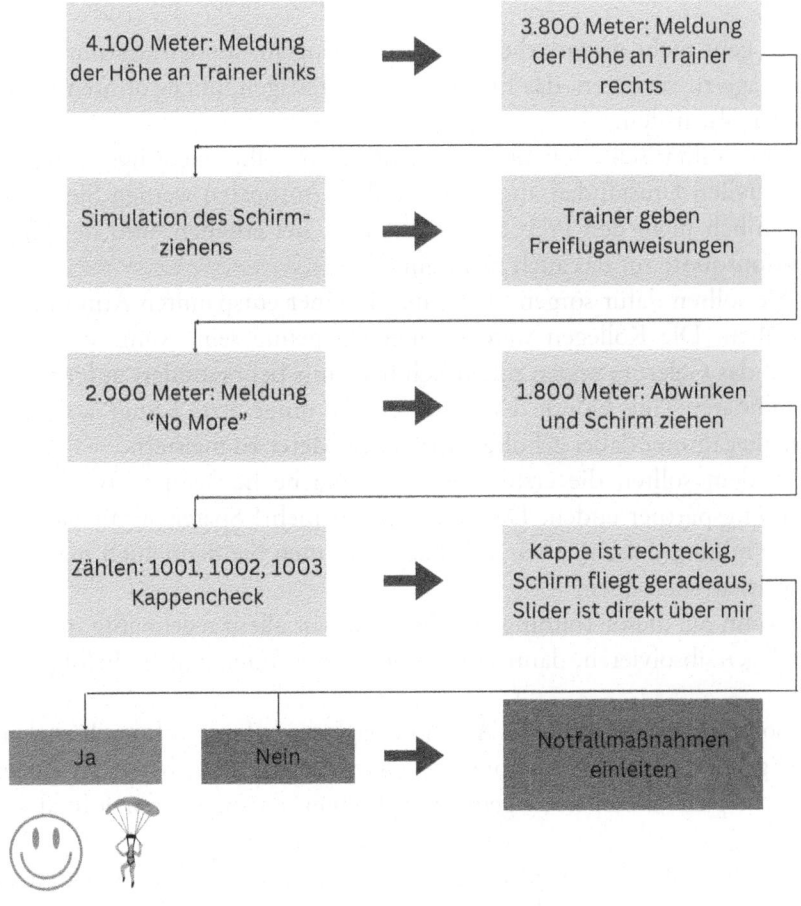

Abb. 4.2 Fallschirmsprung. (Quelle: Eigene Abbildung)

Es ist daher entscheidend, auch für Verhandlungen Standardsituationen zu definieren und für diese Situationen feste Programme zu entwickeln, die bei jedem sitzen müssen.

Erarbeiten Sie gemeinsam mit den erfahrensten Kollegen, welche Situationen bei Ihnen immer wieder vorkommen und wie dann reagiert wird. Was hat schon ein paarmal funktioniert? Was klappt eigentlich nie? (Abb. 4.3).

Sie sollten das Erlernte abfragen und erklären, warum Sie das machen.

Es geht nicht darum, die Kollegen zu gängeln, sondern darum, sie in die Lage zu versetzen, das Erlernte unter stressigen, ungewohnten Situationen abzurufen.

Der militärische Teil mit dem Anbrüllen sollte allerdings dringend den zivilen Umständen angepasst werden. Ansonsten werden Sie wahrscheinlich nicht den Preis als beliebtester Chef erhalten, und der Fluktuationsquote tut das auch nicht gut.

Sie sollten dafür sorgen, das Ganze in einer entspannten Atmosphäre zu üben. Die Kollegen werden aufgeregt genug sein, wenn sie ihrem Chef das Gelernte zeigen sollen. Ich habe mir bei besonders aufgeregten Kandidaten eine blonde Langhaarperücke aufgesetzt. Klingt komisch, hat aber immer dabei geholfen, die ersten Meter zu meistern.

Zudem sollten die ersten Übungsgespräche immer positiv für den Trainingspartner enden. Das motiviert zu mehr! Später, wenn Sie eine Verhandlungsmaschine vor sich haben, können Sie dann auch mal Extremsituationen üben.

Wenn Sie dieses Training ernsthaft und vor allem regelmäßig mit den Kollegen absolvieren, dann werden Sie schnell unglaubliche Erfolge feiern.

Sollten Sie eine extreme Aversion dagegen haben, sich auch mal in hitzigeren Gesprächssituationen wiederzufinden, dann hätte ich Ihnen vor ein paar Jahren noch geraten, sich einen entspannteren Job zu suchen.

Heute weiß ich, dass es möglich ist, über seinen eigenen Schatten zu springen. Etwas Mut gehört natürlich dazu. Vor allem aber sind es die Trainingseinheiten, die jeden zum Profi machen.

4 Aus dem Werkzeugkasten eines erfahrenen Einkäufers

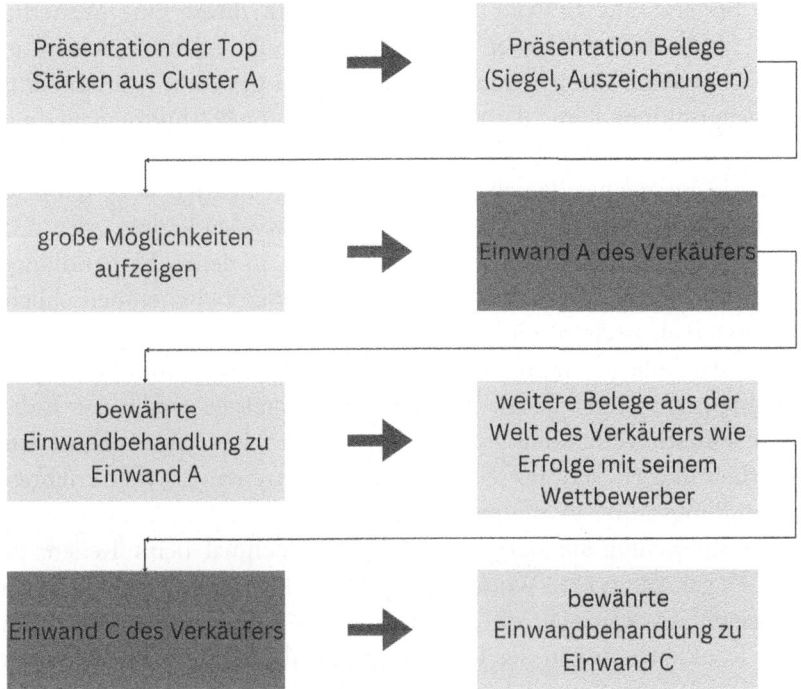

Abb. 4.3 Ablaufplan Standardverhandlungssituationen. (Quelle: Eigene Abbildung)

Selbst Menschen, die eher introvertiert sind und die von sich selbst behaupten würden, dass ihnen so etwas nicht liegt, werden dadurch riesige Fortschritte erzielen.

Eine der besten Verhandlungsführerinnen, die ich kenne, ist eine ehemalige Kollegin, die sich vor ein paar Jahren noch selbst beim Reden überholte. Sie bekam kaum einen Satz raus, sobald sie aufgeregt war. Die Worte kamen viel zu schnell und stotternd, sodass es anstrengend war, ihr zuzuhören. Die Hände wurden vor Aufregung schweißnass und die Gesichtsfarbe veränderte sich drastisch. Die Kollegin machte bei uns eine Ausbildung zur Bürokauffrau. Die Ausbildung verkürzte sie aufgrund sehr guter Noten.

Sie bestand mit Bravour und machte dann direkt eine Weiterbildung. Nach abgeschlossener Ausbildung wäre ihr nächster Schritt auf der Karriereleiter die Position Sachbearbeiterin gewesen. Mit Abschluss der Weiterbildung käme dann die Stelle als Junior Produktmanagerin in Frage.

Für sie aus meiner damaligen Sicht nicht der richtige Weg. Ich hätte sie eher in Abteilungen wie dem Performance-Marketing oder dem Shop Management gesehen, also in Bereichen, in denen Verhandlungsstärke nicht so sehr erforderlich ist und schwierige zwischenmenschliche Situationen eher selten sind.

Aber die Kollegin trainierte und wurde mit der Zeit immer besser. Sie brauchte nicht länger als ein Jahr, um an den meisten erfahrenen Kollegen in Punkto Verhandlungsgeschick vorbeizuziehen. Sie erreichte eine Sicherheit und ein seriöses selbstbewusstes Auftreten, das viele erfahrene Verhandlungsführer in Staunen versetzte.

Klar überschlug sie sich zwischendurch nochmal beim Reden. Na und?! Es gab kaum eine Woche, in denen ich keine Erfolgsmeldung von ihr bekam. Es war egal, ob es sich bei dem Verhandlungspartner um einen Rookie frisch von der Uni mit gerade abgeschlossenem Rhetorikseminar oder um den erfahrenen Geschäftsführer kurz vor dem Ruhestand handelte. Sie knackte sie alle!

Vor allem diejenigen, die sie schon ein paar Jahre kannten, konnten kaum glauben, wie sehr und wie schnell sie sich entwickelt hatte. Aus meiner Sicht waren es drei maßgebliche Eigenschaften, die sie so erfolgreich machten:

- Sie wollte das unbedingt schaffen!
- Sie konnte mit Rückschlägen umgehen.
- Sie war bereit, das Gelernte intensiv zu trainieren, und wendete das dann in der Praxis an.

Ich bin froh, dass ich die Kollegin auf ihrem Weg begleiten durfte und dass sie mir so eindrucksvoll bewiesen hat, dass ich mit meiner Einschätzung zu ihrer beruflichen Zukunft danebenlag.

Speziell für Ihr Unternehmen sollten Sie entscheiden, in welcher Liga Sie im Einkauf spielen wollen. Wenn Sie einen kleinen Handwerksbetrieb besitzen, Ihre Wertschöpfung vor allem durch eine qualitativ hochwertige Arbeit entsteht, und das, was Sie an Rohmaterialien dafür benötigen, ohne Weiteres lokal zum marktüblichen Preis beschaffen können, dann spielt der Einkauf für Sie wahrscheinlich eher eine untergeordnete Rolle.

In diesem Fall reicht es sicherlich aus, dass Sie sich dieses Buch durchlesen und das eine oder andere einmal ausprobieren.

Je entscheidender im Betrieb der Einkaufspreis und je höher das Einkaufsvolumen sind, umso wichtiger ist es, die Trainingseinheiten zu erhöhen und sich Gedanken über den Trainer zu machen.

Sollten Sie zu dem Schluss kommen, dass Ihnen einige zusätzliche Prozentpunkte in der Spanne Millionen im Ertrag bringen, dann herzlich willkommen in der Bundesliga! Höchste Zeit für ein hochklassiges Training.

4.4 Artikel- und Lieferanten-Clusterung

Sie sollten sich um die wichtigen Artikel und Lieferanten mehr kümmern als um die unwichtigen. Wenn Sie jedoch noch keine Clusterung und damit auch keine festgelegten Prozesse haben, werden Sie durch die Einführung einer solchen Clusterung zum einen deutliche Fortschritte bei den Top-Artikeln und -Lieferanten erleben und zum anderen auch sehr viel Zeit bei den weniger Wichtigen gewinnen.

4.4.1 Lieferanten-Clusterung

Ich habe die Erfahrung gemacht, dass gerade kleinere Lieferanten mit einem geringen Umsatzvolumen sehr arbeitsintensiv sein können. Da bittet der engagierte Vertriebler jede zweite Woche zum halbstündigen Abstimmungs-Call. Die Prozesse passen überhaupt nicht zu Ihren, da sich eine Anpassung bei dem geringen Volumen für ihn nicht lohnt, und die wirklich wichtigen Informationen kommen per E-Mail statt per Schnittstelle. Da bleibt dann kaum noch Zeit, sich mit den großen, entscheidenden Lieferanten zu beschäftigen. Sehr schnell befinden sich die Kollegen dann in einem Hamsterrad, in dem eine Überstunde die nächste jagt und trotzdem nur mittelmäßige Ergebnisse erzielt werden.

Um den Fokus wieder auf die wichtigen Lieferanten und Entscheidungen zu lenken, empfiehlt es sich, die Lieferanten nach der Kennzahl zu clustern, die für Sie entscheidend ist. Danach wird für jedes Cluster ein Vorgehen festgelegt. Die Einteilung könnte zum Beispiel – je nach Relevanz für Ihr Unternehmen – nach Umsatz, Deckungsbeitrag oder einer Mischung aus verschiedenen KPIs erfolgen (vgl. Abb. 4.4).

Das Ziel ist es, die Steuerung nach zielführenden Maßstäben zu übernehmen. Hier ein Beispiel:

Cluster A
Mit diesen Lieferanten erzielen Sie einen enormen Deckungsbeitrag, und sie sind schwer zu ersetzen. Oft handelt es sich hier um Markenlieferanten mit einem selektiven Vertriebsnetz, die sich ihre Kunden aussuchen können. Bei Lieferanten aus Cluster A lohnt sich der extra Meter. Regelmäßige Abstimmungstermine ergeben Sinn, und es können auch Kompromisse hinsichtlich der Prozesse getroffen werden, wenn das notwendig ist.

Cluster B
Diese Lieferanten bieten ebenfalls einen hohen Deckungsbeitrag, können aber relativ leicht durch andere ersetzt werden. Oft ist das bei Auftragsfertigungen in Asien der Fall. Auch hier machen regelmäßige Abstimmungstermine Sinn. Sie sollten jedoch darauf achten, dass Ihre Prozesse zu einem großen Teil eingehalten werden, um den Aufwand auf Ihrer Seite zu minimieren. Die Fertigung sollte zudem regelmäßig ausgeschrieben werden. Oft tappt man in die Falle, aufgrund des guten Deckungsbeitrags in eine zufriedene Untätigkeit zu verfallen und dadurch Veränderungen am Markt nicht oder erst zu spät zu bemerken.

Cluster C
Diese Lieferanten bieten einen geringen Deckungsbeitrag, sind allerdings auch schwer zu ersetzen. Hier stellt sich immer die Frage, wie viel Aufwand für Sie noch akzeptabel ist, um die Zusammenarbeit zu gewährleisten. Ist das angebotene Produkt eventuell als Zubehör relevant oder gibt es eine kleine zahlungskräftige Zielgruppe, die genau die Artikel dieses Lieferanten kaufen möchte, kann eine Betreuung dieses Lieferanten sinnvoll sein.

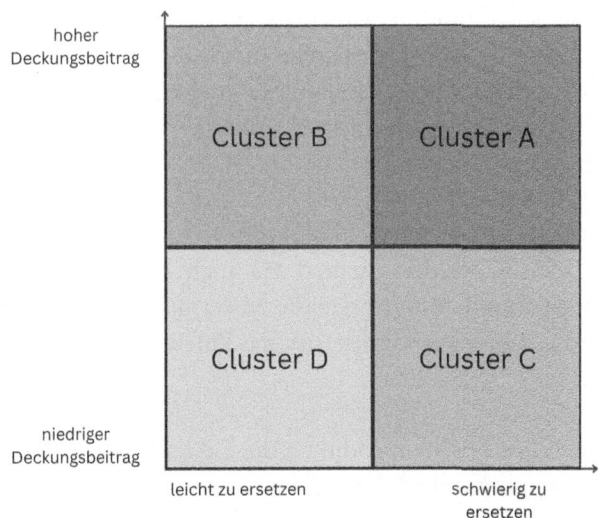

Abb. 4.4 Cluster Deckungsbeitrag-Ersetzbarkeit. (Quelle: Eigene Abbildung)

Die Prozesse sollten jedoch perfekt auf Sie abgestimmt sein, damit der Aufwand dem geringen Deckungsbeitrag entspricht.

Cluster D
Mit diesen Lieferanten erzielen Sie keinen nennenswerten Deckungsbeitrag, und sie sind jederzeit ersetzbar. In der Regel macht es Sinn, sich von solchen Lieferanten zu trennen und deren Produkte bei einem oder zwei anderen Lieferanten zu bündeln. Sollten die Prozesse tatsächlich so perfekt optimiert sein, dass sich eine weitere Zusammenarbeit für Sie lohnt, dann sollten Sie genau darauf achten, dass sich keine Zeitfresser, wie unnötige Telefonate und Abstimmungsrunden, einschleichen.

4.4.2 Artikel-Clusterung

Bei der Artikel-Clusterung gehen Sie ähnlich vor.

Cluster A
Diese Artikel bieten einen enormen Deckungsbeitrag und sind schwierig zu ersetzen. Es empfiehlt sich, höhere Pufferbestände einzuplanen

und die Warenversorgung über planbare Vorordern zu sichern. Sie sollten zudem größtmögliche Transparenz mit Ihrem Lieferanten vereinbaren. Kommt es zu Engpässen, sollten Sie als Erstes davon erfahren und die knapp verfügbaren Restmengen einkaufen.

Cluster B
Die Artikel bieten einen hohen Deckungsbeitrag und können von vielen Lieferanten bezogen werden. Achten Sie auch hier darauf, die nötigen Maßnahmen zu ergreifen, um Engpässe zu vermeiden. Die Artikel sollten regelmäßig ausgeschrieben werden, um das Potential voll auszunutzen.

Cluster C
Handelt es sich um Nischenprodukte, die Sie aus einem anderen Grund als dem Deckungsbeitrag dringend benötigen, dann empfiehlt es sich auch hier, mit leicht erhöhten Pufferbeständen und weiteren Vorsichtsmaßnahmen zu arbeiten. Allerdings empfehle ich, die Gründe einmal objektiv zu beleuchten und zu testen, was passiert, wenn die Artikel nicht verfügbar sind. Oft fallen die Konsequenzen viel weniger drastisch aus als zuvor angenommen.

Cluster D
Die Artikel aus diesem Cluster bringen wenig Deckungsbeitrag und können überall bezogen werden. Bei einer Vollkostenrechnung (inkl. Lagerkosten, Prozesskosten, Finanzierungskosten, Personalkosten usw.) wird sich oft herausstellen, dass es sinnvoll ist, sich von diesen Artikeln zu trennen. Entscheiden Sie sich dennoch dafür, sie zu behalten, dann sollte die Beschaffung bei wenigen Lieferanten gebündelt werden, und Ihr interner Aufwand muss so gering wie möglich sein.

Newcomer
Oft ist es zielführend, eine Potentialeinschätzung bei neuen Lieferanten und Artikeln durchzuführen, um dann hierfür im Vorfeld schon die richtigen Maßnahmen zu treffen. So kann verhindert werden, dass zu viel Arbeit in die Anlage von neuen, wenig vielversprechenden Lieferanten und Artikeln gesteckt wird, während bei anderen zukünftigen Stars oft nicht genug investiert werden kann.

4.5 Trennung von operativem und strategischem Einkauf

Je größer Ihr Unternehmen und damit auch der Einkauf werden, desto sinnvoller ist es, grundsätzlich über die Struktur nachzudenken. In einigen Fällen ist es sogar sinnvoll, den Einkauf in zwei Einheiten aufzuteilen: operativer und strategischer Einkauf.

Während der operative Einkauf für Routineaufgaben im Tagesgeschäft verantwortlich ist, kümmert sich der strategische Einkauf um die langfristige Optimierung der ganzheitlichen Beschaffungsprozesse Ihres Unternehmens.

Aufgaben des operativen Einkaufs

- Festlegung und Optimierung der Bestellmengen
- Bedarfsermittlung
- Verwaltung der Lagerbestände
- Einholen von Angeboten
- Warenprüfung
- Bearbeitung von Auftragsbestätigungen
- Begleitung der Bestellung bis zum Wareneingang
- Lieferkontrolle
- Rechnungsprüfung und Bezahlung
- Bearbeitung von Reklamationen
- Lieferantenmanagement (Steuerung und Bewertung; Aufbau neuer Lieferanten)

Aufgaben des strategischen Einkaufs

- Kostenplanung und -steuerung
- Vertragsmanagement
- Innovationsmanagement
- Projektteamsteuerung
- Prozessoptimierung
- Erarbeiten und Umsetzen einer Beschaffungsstrategie
- Vertragsverhandlungen und -abschluss

Vorteile einer Trennung des Einkaufs
Ein zentraler Punkt ist die Optimierung jedes einzelnen Prozesses und jeder KPI, indem diese separat betrachtet werden. Es gibt Verantwortliche für jede KPI, die darauf achten, dass genau in diesem Bereich das Beste herausgeholt wird.

So soll verhindert werden, dass z. B. eine optimale Lagerumschlagsgeschwindigkeit einem besseren Einkaufspreis zum Opfer fällt oder Lieferantenverträge aufgeweicht werden, um im Gegenzug ein besseres Zahlungsziel zu bekommen. Je nach Zielen der handelnden Personen wird der Fokus wahrscheinlich immer stark auf das entscheidende Thema gelegt, während andere Punkte vernachlässigt werden.

Durch die Trennung kann sichergestellt werden, dass alle wichtigen KPIs im Fokus bleiben, da es Verantwortliche für die Optimierung der Kennzahlen gibt. Ein weiterer Vorteil dieser Trennung ist, wirkliche Experten für die einzelnen Themen zu suchen oder auszubilden. Selten gibt es Menschen, die starke Verhandler und gleichzeitig auch akribische Verfechter des korrekten Vertragswesens sind.

Jeder Mensch hat Stärken und Schwächen, an denen natürlich gearbeitet werden kann und muss. Wenn Sie jedoch ein perfektes Ergebnis wollen, dann stellen Sie Kollegen ein, die für diesen Job gemacht sind.

Nachteile einer Trennung des Einkaufs
Fangen wir wieder bei den Experten für jede Tätigkeit an. Es soll vorkommen, dass es in Unternehmen einen Aktenverwalter gibt, dem man alles nur auf den Tisch legt, und er kümmert sich dann um die Ordnung. Oft ist das aber ein Hinweis auf eine aufgeblähte und wenig effiziente Struktur. Es ist viel sinnvoller, die Unterlagen direkt dort abzulegen, wo sie hingehören, wenn man sie eh schon einmal in der Hand hat.

Zudem wurde die Lagerumschlagsgeschwindigkeit dem Einkaufspreis nicht ohne Grund geopfert. Anders war ein besserer Preis wahrscheinlich nicht zu bekommen. Wenn zwei unterschiedliche Personen oder sogar Abteilungen verantwortlich sind und jeder nur an der jeweiligen Kennzahl gemessen wird, dann wird niemand nachgeben. Da prallen dann zwei Interessen aufeinander.

Es muss also ganz klar geregelt sein, in welchem Fall und zu welchem Zeitpunkt welches Argument das andere schlägt. Wenn das nicht geregelt ist, dann brauchen Sie am Ende einen Schlichter, und wenn es ganz blöd läuft, sind Sie das. Wenn dann einer der beiden Kontrahenten nachgeben muss, weil Sie das so entschieden haben, dann haben Sie das nächste Problem. Sie haben entschieden, dass der Artikel trotzdem in der höheren Menge eingekauft wird? Dann ist der Kollege jetzt auch nicht mehr für die schlechtere LUG verantwortlich.

Ich bin Verfechter eines ganzheitlicheren Ansatzes. Es ist wichtig, ein ausgeglichenes Zielsystem zu erarbeiten, und am Ende sollten die Kollegen immer das Große und Ganze im Auge behalten. Damit das nicht aus dem Ruder läuft, sollten Sie Leitplanken setzen und – wenn es das Budget zulässt – eine Stabsstelle schaffen, die Kategorien übergreifend den Überblick behält: einen Prozess-, Sortiments- oder Dispositionsverantwortlichen, der prüft, ob diese Leitplanken eingehalten werden.

4.6 Einkaufs-Controlling & Kennzahlen

Daten sind in vielen Firmen das höchste Gut! Wenn sie in die falschen Hände geraten, kann das verheerende Folgen haben. Erkenntnisse, für die man Jahre gebraucht hat, könnten plötzlich der Konkurrenz zur Verfügung stehen. Noch schlimmer ist es, wenn Konditionen, Liefer- und Zahlungsbedingungen oder Einkaufspreise weitergegeben werden. Ein Mitarbeiter, der die Seiten wechselt, kann bereits ein Erdbeben auslösen und das gesamte Kartenhaus zum Einsturz bringen.

Wie also mit der Datensicherheit umgehen? Sollten Sie alles nur an einem sicheren Ort aufbewahren, der ausschließlich dem Controlling zugänglich ist? Daten sollten dann nur auf Anfrage und immer nur die bereitgestellt werden, die gerade dringend benötigt werden. Die Anfrage sollte per Ticket gestellt und am besten noch durch die Einkaufsleitung genehmigt werden. Das dauert, vor allem, weil Sie bei diesem System der absoluten Sicherheit wahrscheinlich nicht die Einzigen sind, die gerade eine Anfrage an das Controlling gestellt haben.

Es gibt natürlich auch die Kollegen, die auf eine leichter zugängliche Quelle zurückgreifen, um sich die Mühe zu sparen: das gute alte Bauchgefühl. Wollen Sie das? Wahrscheinlich nicht.

Manche Kennzahlen werden täglich benötigt: für Verhandlungen, Nachbestellungen und zur Bewertung von Artikeln. Es gibt nichts Nervigeres, als sich diese immer umständlich durch Anfragen besorgen zu müssen. Wahrscheinlich haben Sie bereits ein Analyse-Tool mit einem für Ihre Bedürfnisse konfigurierten Dashboard. Wenn nicht, wird es Zeit!

Entscheidend sind bei allen Programmen vor allem zwei Punkte: die richtige Datenvorauswahl und eine umfassende Schulung der Kollegen, damit keine Anwenderfehler entstehen.

Datenvorauswahl, Analyse und Interpretation
Es geht nicht nur um Datensicherheit, sondern auch darum, einheitliche Standards und Definitionen bei der Analyse und der Bewertung von Daten sicherzustellen. In Ihrem Unternehmen sollte z. B. jeder das Gleiche meinen, wenn von „der Ausverkaufsquote" gesprochen wird. Sind das alle Artikel, die gerade ausverkauft sind oder zählen nur die, die man eigentlich gerne noch hätte? Bei manchen Artikeln werden sich die meisten ja wahrscheinlich freuen, sie nie wiedersehen zu müssen. Zählt ein ausverkaufter C-Artikel genauso viel wie ein ausverkaufter A-Artikel, auch wenn mit dem Top-Artikel ein Vielfaches an Umsatz verloren geht? Werden Artikel, die generell auf dem kompletten Markt nicht verfügbar sind, genauso bewertet wie diejenigen, die nur bei Ihnen ausverkauft sind?

Die zu ergreifenden Maßnahmen sind in beiden Fällen komplett unterschiedlich. Wie viel Zeit sollte generell mit dem Tool verbracht werden? „So viel wie nötig" reicht hier als Empfehlung nicht aus. Ich habe Kollegen gesehen, die davon nicht mehr wegkamen. Sie haben sich zu Tode analysiert und kamen gar nicht mehr in den Umsetzungsmodus. Man könnte ja etwas übersehen haben …

Meine Empfehlung ist: Lassen Sie die Kollegen nicht mit dem Tool allein. Es ist absolut sinnvoll, viel Zeit und Energie im Vorfeld zu investieren.

Wer bekommt welche Daten? – Das sollten nur die Daten sein, die der Kollege regelmäßig benötigt. Nicht mehr.

Gibt es sinnvolle Einschränkungen? – Es muss z. B. nicht jeder Einkäufer die Daten aller Lieferanten haben. Die Daten seiner Lieferanten reichen aus.

Sämtliche Datenfelder sollten intensiv geschult werden. Was sagen die Kennzahlen aus? Wo sind Stolpersteine?

Erstellen Sie Standard-Reportings, mit denen gearbeitet werden muss. Zu jedem Reporting gibt es ein definiertes Ziel (wozu dient das Reporting) und ein definiertes To do (was muss ich damit machen). Das wird schriftlich festgehalten.

Erklären Sie neue Reportings und holen Sie Feedback ein. Gibt es Verbesserungsvorschläge? Wenn sie gut sind, werden sie noch eingearbeitet. Sollte es keine Vorschläge geben, geht es so in die Umsetzung, und die Nutzung gilt als verbindlich vereinbart.

Unterstützen und kontrollieren Sie die Umsetzung – Bei der Einführung eines neuen Reportings sollten Sie immer prüfen, ob alle verstanden haben, was wann zu tun ist. Bei wichtigen To dos zeigt die Erfahrung, dass in den kommenden Monaten weitere Stichproben zielführend sein können.

Der wichtigste Punkt von allen: Es muss regelmäßig aufgeräumt werden! Aufgaben, die gestern noch zielführend waren, können heute einfach nur noch eine Arbeitsbeschaffungsmaßnahme sein. Das frustriert und kostet unglaublich viel Geld. Ausmisten ist angesagt!

Es ist zudem sinnvoll, für immer wiederkehrende Prozesse Reportings zu schaffen, die intuitiv sind und vor allem nur das Nötigste enthalten. Für Lieferantengespräche benötigen Sie immer wieder die gleichen Kennzahlen: Umsatz, Spanne, Ertrag, Deckungsbeitrag 1–4, Lagerbestand, Lagerwert, LUG, Reklamationsquote, Liefertreue, Vergleichswerte des Vorjahres, Planwerte …

In Ihrem Unternehmen wird es weitere relevante Kennzahlen geben. Versuchen Sie, die wichtigsten auf einem Blatt zusammenzufassen. Entwicklungen, die am besten grafisch in einem Diagramm dargestellt werden können, sollten auch als solches auf diesem OnePager zu finden sein. Das erleichtert den ersten Überblick ungemein.

Nach der Sichtung können die Einkäufer dann entscheiden, was sie noch benötigen, um bei der nächsten Verhandlung erfolgreich zu sein. Auch hier gilt wieder, dass dieses zentrale Reporting geschult und verstanden sein muss. Jede einzelne Kennzahl muss für jeden Kollegen plausibel sein.

Externes Einkaufs-Controlling
Damit ist nicht eine externe Beratungsfirma oder eine externe Dienstleistung gemeint, sondern eine Instanz außerhalb des Einkaufs und innerhalb des eigenen Unternehmens, die die Entwicklung der einzelnen Kennzahlen im Blick hat und Alarm schlägt, wenn etwas aus dem Ruder läuft. Eine Instanz, die nicht der Einkaufsleitung, sondern nur der Geschäftsführung unterstellt ist.

Das zeugt von Misstrauen, ist mit unnötiger zusätzlicher Arbeit verbunden und sorgt für Unfrieden?! Außerdem sind die Fragen eigentlich überflüssig und wurden schon lange beantwortet?!

Ja! Aber es ist trotzdem unbedingt notwendig, um vor dem Schlimmsten geschützt zu sein. Es wird nirgendwo so viel Geld verdient wie im Einkauf! Sie können aber auch nirgendwo eine Firma so schnell und mit so viel Schwung vor die Wand fahren wie im Einkauf! Die wichtigsten Kennzahlen sollten also immer noch einmal von einer anderen Instanz geprüft werden. Bei Unstimmigkeiten muss der Einkauf Rede und Antwort stehen. Kann er das nicht, dann ist die höchste Alarmstufe angesagt.

Kennzahlen, die unbedingt überwacht werden müssen, sind z. B. der Lagerbestand, die Kapitalbindung, die Entwicklung der Lagerumschlagsgeschwindigkeit, die Ausverkaufsquote, insbesondere die der Topseller, die Spanne und die offenen Aufträge in Zusammenhang mit der vorhandenen Liquidität. Hier ist es besonders wichtig, so weit wie möglich in die Zukunft zu schauen und möglichst zutreffende Prognosen bezüglich Wareneingang und Umsatz zu erstellen.

Gerade wenn Sie in Ihrem Unternehmen keinen linearen Umsatzverlauf haben, weil Sie z. B. von Saisonalitäten abhängig sind, wird die Prognose alles andere als leicht.

Es ist von entscheidender Bedeutung und sogar existenziell für jedes Unternehmen, ein funktionierendes Controlling außerhalb des Einkaufs zur Steuerung und Kontrolle desselben zu etablieren. Selbst erfahrene Einkäufer können sich mal verzetteln.

Drastische Lösungen für verfahrene Situationen werden dann zu lange hinausgezögert, weil versucht wird, die Kuh noch irgendwie anders vom Eis zu kriegen. Stornos beim Stammlieferanten machen für gewöhnlich nicht mal halb so viel Spaß wie das Erteilen großer Aufträge. Immerhin muss in diesem Moment eine Fehleinschätzung oder sogar ein Scheitern eingestanden werden. Der Einkäufer muss sich mit Kompensationsforderungen auseinandersetzen und diese intern rechtfertigen. In solchen schwierigen Situationen bedarf es unbedingt Unterstützung und auch Druck von einer unabhängigen Seite.

Allerdings ist es auch hier wichtig, von Zeit zu Zeit auszumisten. Brachte ein Reporting und die damit verbundenen Fragen seit Ewigkeiten keinen entscheidenden Erkenntnisgewinn, dann ist es an der Zeit, es infrage zu stellen. Ansonsten entsteht ein Reporting-Friedhof, und neben der unnötigen Arbeit im Controlling entwerten solche unnützen Excel-Landschaften auch die anderen wirklich sinnvollen und zielführenden Berichte.

Es gibt noch einen weiteren Stolperstein, den Sie bei diesem wichtigen Thema im Blick haben sollten: Controller und Mitarbeiter der Business Intelligence neigen oftmals dazu, etwas abzuliefern, wenn sie den Auftrag dazu bekommen haben. Selbst wenn es keine wirklich belastbare Grundlage für die Hypothese gibt, da zu wenige Daten vorliegen, ist eine Hypothese zu haben immer noch besser als keine zu haben.

Sie sollten also auch die Ergebnisse des Controllings noch einmal prüfen und wirklich nur die relevanten verwenden, bevor Sie einen Prüfauftrag an den Einkauf geben. Andernfalls besteht die Gefahr, dass Warnungen zukünftig nicht mehr die nötige Aufmerksamkeit bekommen.

Transfer

- **Regelmäßiges Üben von Verhandlungstechniken:** Trainieren Sie mit Kollegen verschiedene Verhandlungsszenarien, um auch in stressigen Situationen sicher zu handeln.
- **SMART-Ziele für Messebesuche:** Setzen Sie spezifische, messbare, akzeptierte, realistische und terminierte Ziele für Messebesuche, um deren Erfolg sicherzustellen.
- **Effiziente Clusterung:** Implementieren Sie eine Clusterung von Artikeln und Lieferanten basierend auf Deckungsbeitrag und Ersetzbarkeit, um den Fokus auf die wichtigsten Ressourcen zu legen.
- **Klare Aufgabenverteilung im Einkauf:** Trennen Sie den operativen und strategischen Einkauf, um Spezialisten für beide Bereiche zu entwickeln und die Gesamtperformance zu steigern.
- **Kontinuierliche Überwachung der KPIs:** Nutzen Sie ein effektives Controlling-System, um die wichtigsten Einkaufskennzahlen kontinuierlich zu überwachen und rechtzeitig auf Abweichungen zu reagieren.

5

Change-Projekte managen

> **Was Sie aus diesem Kapitel mitnehmen**
>
> - **Phasen des Change-Managements:** Erkennen und navigieren Sie die sieben Phasen der emotionalen Reaktionen auf Veränderungen.
> - **SCARF-Modell:** Nutzen Sie dieses Modell, um die sozialen Bedürfnisse Ihrer Mitarbeiter während des Change-Prozesses zu adressieren und Widerstände zu minimieren.
> - **Stakeholder Management:** Identifizieren und managen Sie die verschiedenen Stakeholder-Gruppen, um den Erfolg des Projekts zu sichern.
> - **Projektteam und Führung:** Stellen Sie ein starkes Projektteam zusammen und führen Sie es mit zielführender Kommunikation und klaren Zielvorgaben.
> - **Achtsamkeit und Projektabschluss:** Bewahren Sie die Achtsamkeit während des gesamten Prozesses und feiern Sie den erfolgreichen Abschluss des Projekts gebührend.

Wenn Sie die konkreten Themen und Veränderungen, die aus diesem Buch resultieren, in Ihrem Unternehmen angehen, dann werden Sie nicht nur auf Zustimmung treffen (Abb. 5.1). Die Kollegen verhandeln schließlich seit Jahren. Auf einmal werden die gewohnten Praktiken

Abb. 5.1 Change. (Quelle: Eigene Abbildung)

hinterfragt und durch das Einkaufs-Controlling werden Erfolge und Misserfolge deutlich sichtbarer.

Das ist wahrscheinlich auch der Grund, warum so viele Unternehmen davor zurückschrecken, nötige Veränderungsprozesse einzuleiten. Diese sind immer unbequem, da man sich von vertrauten Strukturen und Prozessen trennen muss. Change-Prozesse wirken sich immer zumindest kurzfristig auf die Motivation aus. Da kann es schon mal einen Dämpfer geben. Das, was über Jahre richtig war und eventuell sogar selbst entwickelt wurde, ist auf einmal nicht mehr gefragt. Sogar Mitarbeiter, die bis dahin zu 100 % hinter dem Unternehmen und den

Zielen standen, können in solchen Momenten ins Straucheln kommen. Kann ich das, was von mir erwartet wird?

Oft kommt auch eine Portion Enttäuschung oder Wut hinzu. Wenn Arbeitsplätze auf dem Spiel stehen, dann ist das sogar die Regel. Aber selbst, wenn es „nur" um Prozesse und Strukturen geht, entwickelt der eine oder andere in so einem Moment eine starke Abwehrhaltung. Daher ist es immens wichtig, Change-Projekte professionell zu begleiten.

Die Grundvoraussetzungen, um solche Projekte erfolgreich umsetzen zu können, müssen erfüllt sein, um eine Chance auf Erfolg zu haben. Laut Dr. Richard K. Streich, Professor für Wirtschafts- und Verhaltenswissenschaften, durchlaufen Mitarbeiter bei abrupten Change-Prozessen sieben Phasen (Abb. 5.2):

Überraschung und Schock
Die Mitarbeiter werden mit den notwendigen Änderungen konfrontiert. Bei vielen wird das Reaktionen von Überraschung bis hin zu

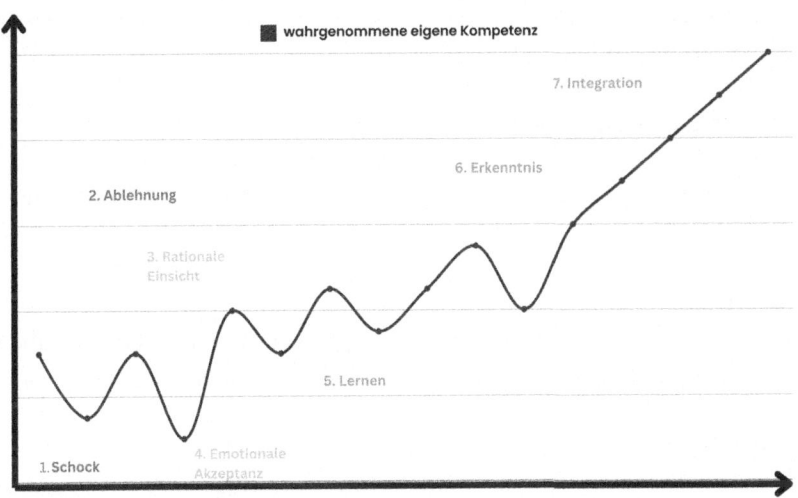

Abb. 5.2 Wahrnehmung der eigenen Kompetenz. (Quelle: Eigene Abbildung angelehnt an tixxt.com: „Das 7 Phasen-Modell des Change Management von Streich")

einem Schock auslösen. Angst und Unverständnis sind in dieser Phase normale Gefühle, und oft geht ein Einbruch der Produktivität damit einher.

Verneinung und Ablehnung
Nachdem der Schock verdaut ist, schließen sich Kollegen zusammen, um gegen die Veränderungen vorzugehen. Alles soll so bleiben, wie es ist. Es soll klargestellt werden, dass es keinerlei Veränderungen bedarf. Angst macht sich breit, die gewohnte Unternehmenskultur zu verlieren.

Rationale Einsicht
Es wird erkannt, dass die Abwehrhaltung nichts bringt oder zumindest nicht den gewünschten Abbruch des Projektes zur Folge hat. Der Wandel wird als unvermeidbar und vielleicht sogar nötig akzeptiert. Wirklich überzeugt sind aber die Wenigsten. Daher werden eher kurzfristige Lösungen gesucht, um mit der Veränderung zurechtzukommen.

Emotionale Akzeptanz
Jetzt kommt es zur wirklichen Wende. Die Kollegen beginnen, die Veränderung zu akzeptieren. Gewohnte Verhaltensmuster werden verlassen und Neues ausprobiert.

Ausprobieren und Lernen
Es entwickelt sich eine Neugier auf das Neue. Es wird getestet und optimiert. Durch Erfolge und Misserfolge wird erfahren, was funktioniert und was nicht.

Erkenntnis
Die Kollegen sehen ein, dass die Veränderungen etwas Gutes haben. Durch erste Erfolge werden die eigenen Fähigkeiten erweitert.

Integration
Die neuen Handlungsweisen werden nun vollständig in den Alltag integriert und zu Routinen. Sie werden als selbstverständlich erachtet.

Dieses Modell der emotionalen Reaktionen auf Veränderungen gibt Ihnen einen Überblick, auf was Sie sich während des Projektes einstellen sollten. Es sind ganz normale Verhaltensweisen, mit denen umgegangen werden muss. Gerade wenn es um schlechte Nachrichten geht, werden die Reaktionen entsprechend heftig sein. Sie fallen schwächer aus, wenn es sich um kleinere Veränderungen handelt, die von den Kollegen als weniger grundlegend und erschütternd erlebt werden. Große Veränderungen werden eher hingenommen, wenn sie mit größerem Vorlauf angekündigt wurden und alle sich schon damit arrangieren konnten.

Es ist daher zielführend, alle Kollegen so früh wie möglich über die aktuellen Herausforderungen zu informieren und ein Bewusstsein für nötige kommende Veränderungen zu schaffen. Zu guter Letzt sollte der Eindruck vermieden werden, dass hinter verschlossenen Türen geheime Pläne erarbeitet werden. Bringen Sie Transparenz in die Herausforderungen und Maßnahmen, auch wenn das in dem Moment unangenehm ist. Nichts ist so schnell wie der Flurfunk, und es ist nie zielführend, wenn die Kollegen diesen als erste Informationsquelle verwenden.

5.1 Das SCARF-Modell

Das SCARF-Modell von David Rock[1] beleuchtet die Bedürfnisse, die erfüllt sein müssen, um offen für Veränderungen zu sein. Rock ist ein australischer Neurowissenschaftler und Autor, der sich auf die Anwendung von Neurowissenschaften im Bereich Coaching und Management spezialisiert hat. Er entwickelte das Modell, um Führungskräften und Change Managern einen neurologisch fundierten Rahmen für die Gestaltung von zwischenmenschlichen Beziehungen und die Bewältigung von Veränderungen in Organisationen zu bieten.

Indem diese fünf sozialen Bedürfnisse berücksichtigt und aktiv gemanagt werden, kann der Veränderungsprozess deutlich effektiver gestaltet und der Widerstand minimiert werden (Abb. 5.3).

---

[1] Rock, D. 2008. SCARF: a brain-based model for collaborating with and influencing others, online unter: https://schoolguide.casel.org/uploads/sites/2/2018/12/SCARF-NeuroleadershipArticle.pdf (letzter Abruf am 10.07.2024).

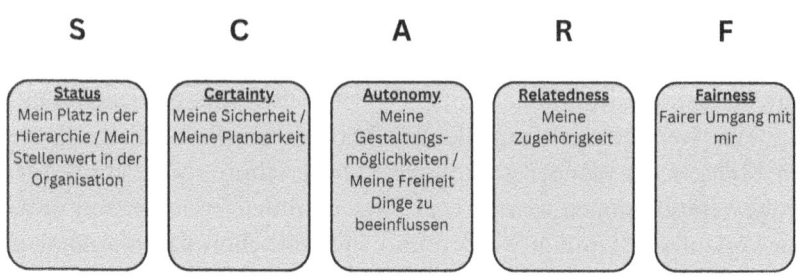

Abb. 5.3 S C A R F. (Quelle: Eigene Abbildung angelehnt an Rock, D. 2008)

Status
Der Status bezieht sich auf die Wahrnehmung unserer Position in der Firma. In Veränderungssituationen besteht die Gefahr, dass einige Kollegen sich in ihrem Status bedroht fühlen, beispielsweise wenn neue Hierarchien eingeführt oder bestehende Strukturen verändert werden. Als Change Manager sollten Sie den Status der Kollegen respektieren. Selbst die, die Ihnen sagen, dass Status ihnen überhaupt nicht wichtig ist, sagen das in der Regel nur, weil es gerade dem Zeitgeist entspricht oder sie versuchen, sich das selbst einzureden. Kaum jemand gibt aber gerne seine Stellung im Team auf.

Sagen Sie allen möglichst klar, wie ihre Rolle im und nach dem Veränderungsprozess aussehen wird, auch wenn das in dem Moment unangenehm sein kann.

Certainty (Gewissheit)
Dieser Punkt bezieht sich auf das Bedürfnis nach Sicherheit und Vorhersagbarkeit. In Veränderungssituationen können Unsicherheiten entstehen, sei es bezüglich der eigenen Position, der Aufgaben oder der Zukunft des Unternehmens. Als Change Manager ist es entscheidend, dass Sie klare Informationen bereitstellen, Unsicherheiten minimieren und den Kollegen einen klaren Weg in die Zukunft aufzeigen.

Autonomy (Autonomie)
Autonomie bezieht sich auf das Bedürfnis nach Eigenverantwortung und Kontrolle über die eigenen Handlungen. In Veränderungssituationen

kann der Verlust von Autonomie zu Widerstand führen. Als Change Manager sollten Sie Möglichkeiten schaffen, in denen Ihre Kollegen Einfluss auf ihre Arbeit und den Veränderungsprozess nehmen können.

Relatedness (Verbundenheit)
Hier geht es um das Bedürfnis nach sozialen Beziehungen und Zugehörigkeit. Veränderungen können zu Isolation führen, wenn Kommunikation und Zusammenarbeit nicht effektiv gemanagt werden. Es ist wichtig, den Teamgeist gerade in dieser schwierigen Situation zu fördern und eine offene Kommunikation zu ermöglichen. Treffen Sie sich lieber einmal zu viel als zu wenig. Bieten Sie die Möglichkeit zu Gesprächen in kleiner Runde, wenn möglich auch mal außerhalb des stressigen Büroalltags.

Fairness
Fairness bezieht sich auf das Bedürfnis nach Gerechtigkeit und Fairplay. In Veränderungssituationen sollten Entscheidungen transparent und gerecht getroffen werden, um das Vertrauen der Kollegen zu erhalten. Sie sollten darauf achten, dass der Veränderungsprozess als fair wahrgenommen wird. Gerade die Transparenz spielt eine große Rolle. Wenn unangenehme Entscheidungen getroffen werden müssen, dann ist die Verlockung groß, die geplante Entlassungswelle zu verschweigen und dann im Nachhinein zu behaupten, dass diese Maßnahme sich erst im Laufe des Projektes als unverzichtbar herausgestellt hat. Tun Sie das nicht. Sprechen Sie die Dinge klar an. Sie wollen den Kollegen doch auch noch in einem Jahr in die Augen schauen können.

Diese fünf Bedürfnisse sollten Sie also auf der Agenda haben, damit das Projekt eine Chance auf Erfolg hat. Gehen Sie auf jeden Punkt ein und sprechen Sie mit Ihren Kollegen.

5.2 Stakeholder Management

Wie immer werden Sie auch in diesem Projekt nicht über unendliche Ressourcen verfügen. Sie können nicht mit jedem Mitarbeiter abends nach Feierabend in einer vertraulichen Atmosphäre ein persönliches Gespräch führen. Und tagsüber erst recht nicht! Das Tagesgeschäft muss weiterlaufen, und daneben befinden sich die Planungen für dieses Projekt auf Hochtouren. Sie sollten Ihre Zeit zielführend einteilen. Manche Mitarbeiter werden für den Erfolg dieses Projektes entscheidend und manche kaum betroffen sein. Es gibt die, durch die das Projekt mit der richtigen Einstellung ordentlich Fahrt aufnimmt. Das sind auch die, die alles zum Scheitern bringen können oder zumindest den Zeitplan ordentlich durcheinanderbringen werden, wenn sie nicht mitziehen. Andere haben eventuell zwar Auswirkung auf die Stimmung während des Projektes, sind aber nicht wirklich entscheidend.

Auch hier empfiehlt es sich daher wieder zu clustern (Abb. 5.4).

Cluster A
Diese Kollegen sind entscheidend für den Erfolg des Projektes. Das Gute ist, sie haben Lust darauf, etwas zu verändern! Sie haben die richtige Einstellung, die für dieses Projekt nötig ist, und es wird nicht schwer sein, sie auf die Reise mitzunehmen, sie werden sie sogar maßgeblich gestalten. Wichtig ist hier nur, dass Sie diese Kollegen nicht links liegen lassen, weil sie auf den ersten Blick kein Problem darstellen

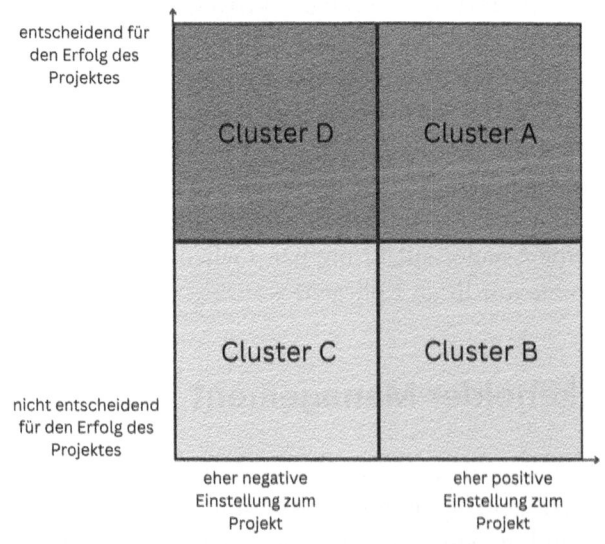

Abb. 5.4 Cluster Erfolg – Einstellung. (Quelle: Eigene Abbildung)

und mitlaufen. Dadurch würden Sie ihr Potenzial nicht mal ansatzweise nutzen. Begeistern Sie sie und fordern Sie sie auf, dass sie das Gleiche mit anderen tun. Sie können die Leuchtfeuer werden, die Sie für dieses Projekt so dringend benötigen. Sie können ihre Teams mitreißen und so einen Sog entwickeln, der unglaublich produktiv ist.

Cluster B
Diese Kollegen sind dem Wandel gegenüber positiv eingestellt, haben aber keinen großen Einfluss auf den Erfolg des Projektes. Informieren Sie sie ehrlich, transparent und fortlaufend über die Ziele und den Stand des Projektes, damit sie sich nicht abgehängt fühlen. Der Aufwand hierfür sollte sich aber in Grenzen halten. Ein regelmäßiger Projekt-Newsletter eignet sich gut dafür, diese Gruppe mitzunehmen.

Cluster C
Diese Kollegen haben keine Lust auf das Projekt, sind aber zum Glück auch nicht wirklich entscheidend für den Erfolg. Auch hier gilt die Empfehlung, nicht zu viel Arbeit in diese Gruppe zu stecken. Auch sie werden mit dem Newsletter ausreichend abgeholt. Wenn aus Augenrollen offenes Genörgel wird, welches die Stimmung im Team maßgeblich negativ beeinflusst, dann sollte ein kurzes persönliches Gespräch geführt werden.

Cluster D
Das sind die Problemfälle. Um diese Kandidaten müssen Sie sich zwingend intensiv kümmern. Tun Sie das nicht, dann kann das ganze Projekt scheitern. Wenn Sie Ihre Lieferkette in den Griff bekommen möchten und Ihr Logistikleiter hält das für kompletten Unfug, dann haben Sie ein Problem. Wenn Sie die Beschaffenheit Ihrer Produkte hinsichtlich eines neuen Design to Value-Ansatzes neu bewerten wollen und Ihr Leiter Produktmanagement gar keine Lust hat, sich da reinreden zu lassen, dann wird das Projekt wahrscheinlich krachend scheitern. Diese Kollegen müssen mitgenommen werden.

Es ist ganz entscheidend, ihre ehrliche Unterstützung zu erlangen. Führen Sie intensive Vier-Augen-Gespräche. Haben Sie alle Punkte aus dem SCARF-Modell berücksichtigt? Sind alle Bedürfnisse erfüllt?

Versuchen Sie auch, hinter ihre Fassade zu schauen. Je nach Unternehmenskultur und Charakter wird es eine nach außen präsentierte Meinung und versteckte Befindlichkeiten geben. Sie können sich das ähnlich wie bei einem Eisberg vorstellen. Im Falle von Kollegen, die sich in diesem Cluster befinden, ist es sinnvoll, sich die Zeit zu nehmen, die nötig ist, um auch die unsichtbaren Aspekte zutage zu fördern (Abb. 5.5).

Sollte es massive Vorbehalte gegen die Veränderung geben, dann ist es sinnvoll, diese auch zutage zu fördern. Wenn Sie selbst bei den Kollegen durch positive Einflussnahme nicht mehr weiterkommen, dann kann der Einsatz eines Coaches das vorletzte Mittel sein, die Situation konstruktiv zu lösen. Ansonsten bleibt Ihnen nur noch eine Ansage mit der Androhung von Konsequenzen und in letzter Instanz dann tatsächlich die Konsequenz. Wenn es zwingend nötig ist, dass die Person auf dieser Position aktiv bei dem Veränderungsprozess mitarbeitet und das bei der aktuellen Besetzung ausgeschlossen ist, dann ist sie nicht mehr die Richtige.

5.3 Ihr Projektteam

Die Auswahl des Projektteams ist ein weiterer entscheidender Faktor für den Erfolg des Projektes. Hier sind Erfahrung, Standing und der nötige Drive gefragt, damit das Ganze nicht im Sande verläuft. Einer der häufigsten Fehler besteht darin, einen Junior als Koordinator einzusetzen. Frei nach dem Motto: Führen Sie mal Protokoll und erinnern Sie die Leute daran, die Deadlines einzuhalten. Wenn mal was schiefläuft, dann melden Sie sich … So kann das nichts werden. Je größer die angestrebten Änderungen sind, umso mehr Gegenwind wird es geben, und Ihr Junior wird schneller vor stabile Wände laufen, als es Ihnen lieb ist. Sie benötigen jemanden, den alle Beteiligten ernst nehmen.

Die, die Lust auf Fortschritt haben, also die aus Cluster A und B, müssen sich gut vertreten fühlen. Die aus Cluster C und D, die keine Lust auf Veränderung haben, müssen mitgenommen werden. Im besten Fall werden sie davon überzeugt, dass die Zusammenarbeit auch für sie Vorteile bietet, mindestens aber davon, dass Gegenwehr aussichtslos ist und auch massive Nachteile mit sich bringt. Sie brauchen also jemanden, der sich auf Abteilungsleiterebene behaupten kann.

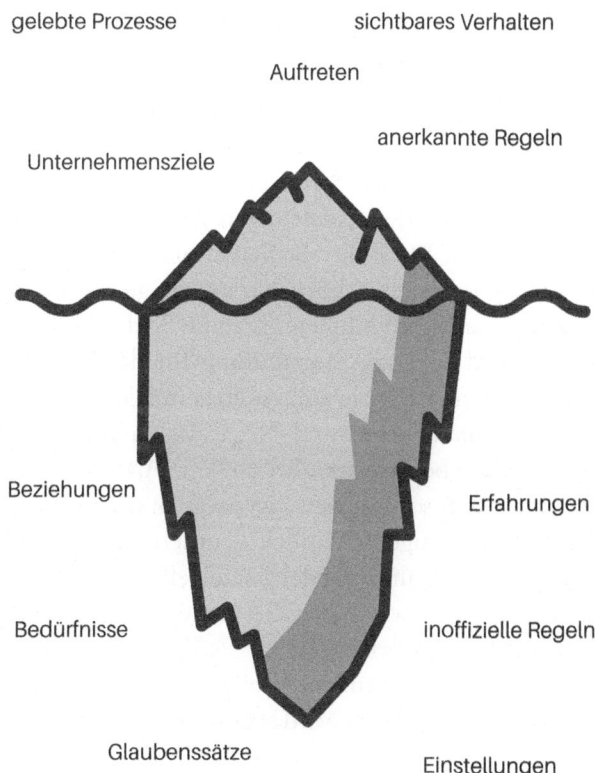

Abb. 5.5 Sichtbare vs. unsichtbare Elemente. (Quelle: Eigene Abbildung)

5.4 Framing

Dieser Begriff ist extrem negativ besetzt, da immer auch etwas Manipulatives mitschwingt. Im Grunde ist die Grenze zwischen zielführender Wortwahl und Manipulation ja auch fließend. Wenn sich die Letzte Generation auf die Straße klebt, dann sind sie Klimaterroristen. Wenn Landwirte mit ihren Traktoren den Verkehr lahmlegen, dann sind das hart arbeitende Menschen, die um ihre Existenz kämpfen. Die Folge ist in beiden Fällen gleich. Sie kommen zu spät zur Arbeit.

Streichen Sie also das Wort Framing in Ihrem Change-Projekt komplett und ersetzen Sie es durch die „zielführende Wortwahl". Und die ergibt in jedem Fall Sinn, um Menschen mitzunehmen. Wenn Sie davon sprechen, dass in diesem Saustall mal richtig aufgeräumt werden muss und die Leute endlich die Hände aus den Hosentaschen nehmen sollen, dann macht das was anderes mit den Kollegen, als wenn Sie ihnen sagen, dass wir alle effektiver werden müssen, um in diesem harten Markt zu bestehen. „Wir müssen 20 % aller Stellen streichen, um den Laden irgendwie am Laufen zu halten", hört sich anders an als: „Wenn wir das Projekt richtig angehen, dann können bis zu 80 % der Jobs erhalten."

Die Wortwahl und auch die Begründung für das Vorgehen müssen ehrlich und transparent sein. Sie sollten aber unbedingt darauf achten, nicht unnötig zu dramatisieren und Negatives zu betonen. Im Fokus sollte immer ein erstrebenswertes Ziel stehen. Also statt: „So können wir nicht weitermachen, sonst gehen hier morgen die Lichter aus": „Der Wettbewerb produziert augenscheinlich deutlich günstiger. Dieses Projekt dient dazu, den Anschluss wieder herzustellen und die Konkurrenz sogar zu überholen. Wenn wir dieses Ziel gemeinsam erreichen, dann ist dieser Standort für Jahre gesichert."

Statt: „Unsere Logistikkosten sind viel zu hoch! Wir wollen Container buchen und nicht das ganze verdammte Schiff kaufen! Also ändert das!" (Zitat):

„Die Logistikkosten sind ein entscheidender Faktor. Es ist unbedingt notwendig, diesen wichtigen Part zu optimieren. Dadurch erhalten wir einen entscheidenden Marktvorteil."

5.5 Leading from the Future

Egal welche Formulierung Sie wählen, Sie werden trotzdem keinen Beifall ernten. Menschen mögen keine Veränderungen. Hier in aller Kürze einige Grundlagen der Neurowissenschaften (Hebb's law).

Der Psychologe Donald Hebb hat 1949 erstmals ein Gesetz formuliert, mit dessen Hilfe sich das Zustandekommen von Verhalten durch sich stärkende neuronale Verbindungen im Gehirn erklären und veranschaulichen lässt. Vereinfacht gesprochen gilt der Grundsatz, dass Neuronen, die miteinander aktiv sind, sich miteinander verbinden: „*What fires together, wires together.*"

Je häufiger dies passiert, desto intensiver und stärker wird diese Verbindung. Übertragen auf das Erlernen und Entstehen von Verhaltensabläufen und Routinen (wie z. B. eine Tasse Kaffee zum Mund führen und daraus einen Schluck nehmen) erklärt Hebbs Gesetz, warum uns dies am Anfang so schwerfällt. Beim ersten Versuch leistet das Gehirn Schwerstarbeit. Es muss neuronale Verbindungen erschaffen, die es uns erlauben, die Tasse zu koordinieren, tatsächlich zum Mund zu führen und dann auch noch kontrolliert einen Schluck zu nehmen. Durch fortlaufende Übung fällt uns die Aktion leichter und schließlich wird sie zur Routine. Die neuronalen Verbindungen sind dann derart stark, dass die Prozesse automatisch ablaufen.

Was bedeutet das für das Change-Projekt?

Die Kollegen können nicht einfach etwas verlernen. Das können Sie auch nicht. Das Gehirn wurde durch Wiederholungen und Routinen programmiert – es möchte keinen Wandel.

Die Ausführung neuer Verhaltensweisen und Routinen ist anstrengend und benötigt Zeit.

Ein bewährtes Mittel aus dem Coaching, um die Bereitschaft zur Veränderung und auch die Durchführung zu unterstützen, ist **Leading from the Future**, das Führen aus der Ableitung einer Zukunftsvision.

Dafür benötigen Sie zwei Eckpfeiler:

1. Ein erstrebenswertes Zielbild, auf das die Verhaltensänderungen ausgerichtet werden. Erarbeiten Sie dieses Zielbild gemeinsam. Stellen Sie sich vor, Sie sind zwei Jahre weiter. Das Projekt war ein voller Erfolg, alle Ziele wurden erreicht. Wie sieht diese Zukunft aus? Was hat sich verändert? Wie haben Sie sich verändert? Welche Verhaltensweisen sind anders? Welche Prozesse haben sich wie verändert?
2. Wenn Sie das gemeinsam erarbeitet haben, dann geht es jetzt an die Umsetzung. Was müssen Sie heute dafür tun? Jeder Einzelne? Was sind die konkreten Aufgaben, um das Ziel zu erreichen? Was muss intensiviert, was abgestellt werden? Was muss neu entwickelt werden? Wer macht das, bis wann?

5.6 Der Projektplan – Ressourcenmanagement

Das Ressourcenmanagement ist ein Kernelement jedes Change-Projektes. In der Regel geht das Tagesgeschäft weiter. Diese Projekte bedeuten also immer Mehrarbeit und es ist entscheidend, zu planen, wer wann für welche Prozesse benötigt wird. Oft entfallen viele Aufgaben auf wenige Personen, sodass es dadurch zu Verzögerungen oder sogar zu stressbedingten Ausfällen kommen kann. Durchdenken Sie also jeden einzelnen Schritt und nehmen Sie möglichst noch weitere Kollegen mit ins Boot. In vielen Fällen kann es auch zielführend sein, einzelne Arbeitsschritte komplett auszulagern.

Erstellen Sie einen Projektplan, der alle wichtigen Meilensteine und Deadlines enthält (Abb. 5.6).

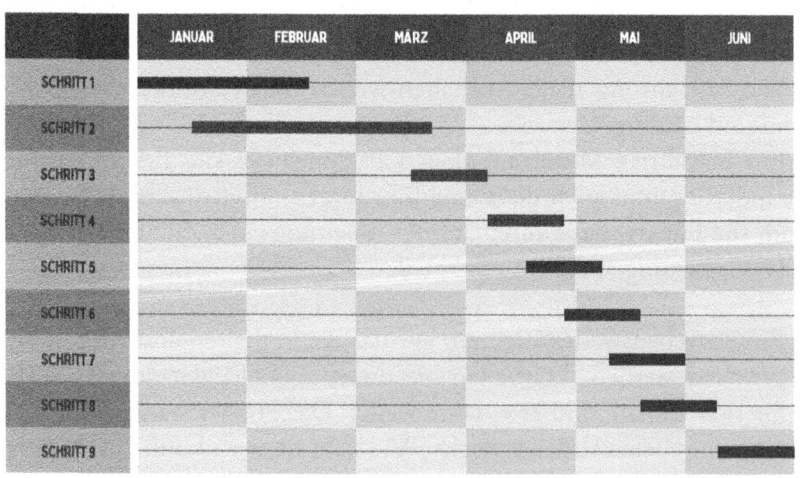

Abb. 5.6 Meilensteine. (Quelle: Eigene Abbildung)

5.7 Die Umsetzung

Ein Projekt sollte immer intensiv geplant sein.

- Wo können Stolpersteine sein?
- Die persönlichen Befindlichkeiten haben Sie schon über SCARF abgeklopft.
- Die verfügbaren Ressourcen haben Sie genau unter die Lupe genommen und im Zweifel umverteilt.
- Der Zeitplan und die Meilensteine stehen.
- Das Budget wurde genehmigt.

Jetzt heißt es, Geschwindigkeit aufzunehmen. Ein gewisser Umsetzungsdruck ist nötig, um alle ans Laufen zu bekommen. Es gibt immer diejenigen, die am liebsten noch weitere Zeit in Analysen stecken würden. Die, die nochmal auf Nummer sicher gehen wollen, dass auch wirklich nichts vergessen wurde und am liebsten alles nochmal auf Herz und Nieren prüfen würden.

Aber Sie bekommen keine abschließende Klarheit, ob etwas funktioniert, dadurch, dass Sie darüber nachdenken. Sie bekommen sie nur, indem Sie handeln. Nur dann wird aus der Theorie Praxis. Nur dann kann an dem Ergebnis gefeilt werden. Wer Perfektion als einzig akzeptables Zielbild zulässt, der sucht in Wahrheit nur Ausreden, um nicht starten zu müssen. Ab jetzt ist Zeit für Vollgas.

5.8 Projektabschluss

Lassen Sie es krachen! Nichts ist schlimmer, als wenn die Anstrengung der vergangenen Monate oder sogar Jahre keine Würdigung findet. Geben Sie Ihrem Projektteam die Bühne, die es verdient. Sorgen Sie dafür, dass auch diejenigen, die von dem Projekt betroffen sind, die nötige Aufmerksamkeit erhalten.

Ich führte vor einiger Zeit ein Coaching mit einem Trainer einer großen Versicherung. Er war bereits über zwanzig Jahre für diese Versicherung tätig. Wenn Sie so lange für eine Firma dieser Größe tätig sind, dann kommt das einer Jobgarantie nahe. Zumindest wird es sehr teuer für Ihren Arbeitgeber, Sie loszuwerden. Maximale Sicherheit also. Er bekam aus seiner Sicht auch ein wirklich ordentliches Gehalt. Also alles gut, könnte man meinen. Trotzdem spielte er mit dem Gedanken, all das aufzugeben.

Ausschlaggebend war der Abschluss eines großen Projektes. Er hatte zusammen mit seinem Team den Auftrag erhalten, jede relevante Abteilung zu trainieren. Es wurde ein Trainingskonzept erarbeitet und vorgestellt. Es wurden unzählige Stunden investiert, um das Training zu optimieren und über Jahre hunderte von Kollegen aus diversen Abteilungen auf den gewünschten Stand zu bringen. Und dann war der Tag da! Sie waren fertig. Und keiner bekam es mit. Es gab keine Ansprache, keinen Champagner, kein gemeinsames Frühstück und auch keinen Abschlussabend auf der Bowlingbahn.

Projekte verdienen immer einen würdigen Abschluss, ansonsten frustriert das alle Beteiligten. Das gilt nicht nur für diejenigen, die dieses Projekt maßgeblich durchgeführt haben. Wenn das Projektende nicht mit genügend Aufmerksamkeit gefeiert wird, dann ist das auch ein Signal für die Kollegen, die gerade an dem Beginn eines neuen Projektes stehen.

Also: Bieten Sie eine Bühne. Die Erfolge müssen präsentiert werden und im Vordergrund stehen. Sie sollten aber auch ehrlich ansprechen, was nicht geklappt hat. Wo ist das Ergebnis anders als Sie es sich vorgestellt haben? Wie geht es jetzt damit weiter?

5.9 Achtsamkeit in Change-Projekten

Menschen können gerade in Zeiten der Veränderung in eine tiefe Krise geraten. Schon in normalen Zeiten ist es für viele Menschen schwer, mit dem alltäglichen Stresslevel umzugehen. In Zeiten von Veränderung, die nicht selten aus Krisen heraus entstehen, kann dieser Stress schnell überwältigend sein. Das ist nicht nur für den Einzelnen dramatisch. Eine permanent zu hohe Stressbelastung führt zu einem drastischen Leistungsabfall. Das Projekt und die Firma leiden dabei also nicht erst, wenn der Krankenschein kommt. Oft werden schon Wochen vorher nicht mehr die Ergebnisse erzielt, die unter gesunden Umständen möglich gewesen wären.

Es ist daher für alle ratsam, den Stresslevel im Auge zu behalten. Damit ist nicht gemeint, dass Überstunden um jeden Preis vermieden werden müssen. Gerade wenn das Projekt kurz vor dem Abschluss steht, kommt man oft um einen Endspurt nicht herum. Das kann sich sogar gut anfühlen, sofern die Rahmenbedingungen die richtigen sind. Ich saß schon mit Kollegen bis nach Mitternacht in einem Besprechungsraum und wenn ich daran zurückdenke, dann zaubert das immer noch ein zufriedenes Lächeln in mein Gesicht. In der Ecke lagen die leeren Pizzaschachteln, jeder hatte sein Lieblingsgetränk vor sich stehen und wir bereiteten mit Hochdruck unseren Auftritt am nächsten Tag vor. Der letzte Feinschliff, jeder übte noch einmal das, was er am kommenden Tag zu tun hatte. Wir gaben uns gegenseitig Tipps und halfen uns dort, wo wir nicht weiterkamen. Es ging um verdammt viel! Wir waren im Flow.

Am kommenden Morgen waren alle müde, aber als es losging, waren wir zu hundert Prozent da. Das tat unglaublich gut. Der Erfolg danach fühlte sich gerade durch diese harte Arbeit so gut an.

Ich habe aber auch schon erlebt, wie schädlich und belastend Druck sein kann.

„Bis morgen 10 Uhr habe ich das auf dem Schreibtisch! Können Sie mir das zusagen? Nein?! Das war kein Wunsch!!" So etwas kann einen fertigmachen. Klar gibt es Deadlines, die eingehalten werden müssen. Aber das Datum für die Deadline steht doch wahrscheinlich schon länger. Es wurde irgendwann einmal, im besten Fall mit Verstand und nach Absprache mit allen Beteiligten, festgelegt. Wenn jetzt erst, am Tag bevor alles implodiert, bemerkt wird, dass entscheidende Leistungen nicht erbracht wurden, dann ist im Vorfeld einiges schiefgelaufen.

Um die Kollegen nicht zu überfordern, sind folgende Punkte entscheidend:

- Der Projektplan muss realistisch sein.
- Der Einsatz der Ressourcen muss durchdacht sein.
- Der Fortschritt des Projektes muss transparent sein. Verzögerungen müssen so früh wie möglich entdeckt werden. Der Plan muss, wenn nötig, angepasst werden.

- Erreichte Meilensteine werden gefeiert.
- Der Umgang mit allen Beteiligten muss auch unter Zeitdruck wertschätzend sein.
- Schaffen Sie eine gute Atmosphäre. Gehen Sie zusammen essen, machen Sie zusammen Sport, spielen Sie zusammen Mario Kart. Kollegen, die in echten Teams arbeiten, wirft nichts so schnell aus der Bahn. Einzelkämpfer sind viel anfälliger für Burnouts und für alles, was damit zusammenhängt.

Beachten Sie diese Regeln nicht, dann wird das Ganze weder für Sie noch für die Kollegen und schon gar nicht für das Projekt gut ausgehen.

Ihr Transfer in die Praxis

- **Kommunikationsstrategie entwickeln:** Stellen Sie sicher, dass Sie eine klare und offene Kommunikationsstrategie haben, um alle Beteiligten über den Fortschritt und die Ziele des Change-Projekts zu informieren.
- **Stakeholder-Analyse durchführen:** Identifizieren Sie alle relevanten Stakeholder und analysieren Sie deren Einfluss und Einstellung zum Projekt, um gezielt auf deren Bedürfnisse einzugehen.
- **Projektteam richtig aufstellen:** Wählen Sie ein erfahrenes und motiviertes Projektteam aus, das in der Lage ist, Widerstände zu überwinden und das Projekt voranzutreiben.
- **Frühzeitige Einbindung der Mitarbeiter:** Integrieren Sie Ihre Mitarbeiter frühzeitig in den Veränderungsprozess, um Akzeptanz und Unterstützung zu fördern.
- **Erfolge feiern und würdigen:** Planen Sie bewusst Momente ein, um Meilensteine und den Abschluss des Projekts zu feiern, um die Motivation und das Engagement des Teams aufrechtzuerhalten.

Schluss

Jetzt sind Sie am Zug!

Vielleicht stellen Sie sich gerade die Frage, welche der Themen Sie zuerst angehen und wie Sie das machen. Im besten Fall sind Sie schon im Probiermodus! Sie lernen am meisten durch Ausprobieren und indem Sie die Methoden und Techniken für sich anpassen.

Wenn Sie Ihre Kollegen mit auf die Überholspur nehmen, brechen jetzt neue Zeiten an. Gemeinsam macht Erfolg nicht nur mehr Spaß, er potenziert sich sogar mit jedem neuen Spieler im Team. Wenn Sie es schaffen, einmal die Dinge grundlegend zu überdenken und dann zu verbessern, dann werden Sie von einem Erfolg zum nächsten stürmen. Sie werden zur treibenden Kraft in Ihrem Unternehmen, und Ihr Teamspirit und Erfolg werden sich positiv auf die Kollegen aus den anderen Abteilungen auswirken.

Zu jedem Thema in diesem Buch gibt es jede Menge Fachliteratur. Sobald Sie merken, dass eine Technik gut zu Ihnen und Ihrem Unternehmen passt, empfiehlt es sich, noch einmal tiefer in die Materie einzutauchen.

Wenn Sie das Gelernte in die Praxis umsetzen möchten und dabei gerne Unterstützung hätten, dann schreiben Sie uns! Es gibt verschiedene Möglichkeiten, wie wir gemeinsam Neues anstoßen können.

Wir bieten zu jedem Thema in diesem Buch **Präsenztrainings** und auch ein On-Demand Format an. Die Teilnehmerzahl bei den Präsenzlehrgängen ist auf maximal zehn Personen begrenzt, sodass jeder Teilnehmer auch genug Zeit und Raum bekommt, um die Techniken zu üben.

Natürlich können auch mehr Ihrer Kollegen teilnehmen, dann hat das Ganze aber eher Vortragscharakter. Ein **Vortrag** ist ein sinnvolles Format, wenn Sie Ihren Einkauf belohnen und inspirieren möchten. Soll ein geplantes Event rund um das Thema Einkauf zu etwas Besonderem werden, das niemand so schnell vergisst, dann kommen wir gerne zu Ihnen.

Wenn Sie gemeinsam mit uns Ihren Einkauf auf ein ganz neues Level heben möchten, dann sind Sie bereit für das **Trainingscamp**! Sie können uns für ein Einkaufsprojekt engagieren. In dieser Zeit gehen wir bei Ihnen im Haus die Themen an, die Sie wirklich nach vorne bringen.

Da, wo wir das größte Potenzial sehen, steigen wir gemeinsam ein. Zunächst mit dem Blick von oben auf das große Ganze, dann bis runter auf die Grasnarbe. Sie werden den Effekt sofort und nachhaltig spüren! Das Schöne am Einkauf ist, dass die Erfolge messbar sind. Sie zahlen sich direkt aus und werden die Investitionskosten bei Weitem übertreffen.

Informationen zu einem kostenlosen Beratungsgespräch finden Sie unter: www.protrainconsulting.de.

Dieses Buch ist die Komprimierung von über 25 Jahren erfolgreichem Einkauf. Wenn Sie es schaffen, auch nur einen Teil davon in die Tat umzusetzen, dann werden Sie sich damit deutlich von der grauen Einkäufermasse abheben und Erfolge erzielen, die zuvor niemand für möglich gehalten hat! Sie wissen jetzt, welche Hebel Sie im Unternehmen in Bewegung setzen müssen. Warten Sie nicht! Gehen Sie die Dinge jetzt an!

Ich wünsche Ihnen viel Spaß beim Ausprobieren und vor allem überwältigende Verhandlungserfolge!

Ihr Sven Bogatzki.

Literatur

Ablauf Fallschirmsprung: Eigener Entwurf in Anlehnung an die Ausbildung des Vereins für Fallschirmsport Marl E.V. https://www.fallschirmsport-marl.de/ausbildung/aff-kurs/
Ablauf Verhandlung und Einwandbehandlung: Eigener Entwurf
Clusteranalyse Stärken: Eigener Entwurf
Clusteranalyse Ziele: Eigener Entwurf
Eisbergmodell: Eigene Abbildung in Anlehnung an die Ausbildung zum Systemischen Coach (INeKO) https://ineko.de und https://de.wikipedia.org/wiki/Eisbergmodell
Global Sourcing: Eigener Entwurf in Anlehnung an die Ausbildung zum Diplomierten Einkaufsmanager des BME https://www.bme.de/
Konfrontativer Verhandlungsstyl Abbildung Flugzeugträger: https://www.reddit.com/r/PropagandaPosters/comments/3qqc7n/90000_tons_of_diplomacy_northrop_grumman_military/
Local Sourcing: Eigener Entwurf in Anlehnung an die Ausbildung zum Diplomierten Einkaufsmanager des BME https://www.bme.de/
Meilensteine: Eigene Abbildung
Modular Sourcing: Eigener Entwurf in Anlehnung an die Ausbildung zum Diplomierten Einkaufsmanager des BME https://www.bme.de/
Multiple Sourcing: Eigener Entwurf in Anlehnung an die Ausbildung zum Diplomierten Einkaufsmanager des BME https://www.bme.de/

Phasen-Modell nach Kübler-Ross/Richard Streich Eigene Abbildung in Anlehnung an https://www.wcg.de/glossar/change-kurve-nach-kuebler-ross-streich

Projekt Clusterung: Eigenen Entwurf

SCARF Modell: Eigene Abbildung in Anlehnung an https://de.wikipedia.org/wiki/Neuroleadership

Single Sourcing: Eigener Entwurf in Anlehnung an die Ausbildung zum Diplomierten Einkaufsmanager des BME https://www.bme.de/

Verhandlungsspielraum: Eigener Entwurf in Anlehnung an das Harvard Konzept von Roger Fisher und William Urvy https://www.ewi-psy.fu-berlin.de/psychologie/arbeitsbereiche/arbpsych/media/lehre/ws0708/12672/harvard_konzept.pdf

SPRINGER NATURE

GPSR Compliance

The European Union's (EU) General Product Safety Regulation (GPSR) is a set of rules that requires consumer products to be safe and our obligations to ensure this.

If you have any concerns about our products, you can contact us on ProductSafety@springernature.com

In case Publisher is established outside the EU, the EU authorized representative is:

Springer Nature Customer Service Center GmbH
Europaplatz 3
69115 Heidelberg, Germany

The manufacturer's authorised representative in the EU is Springer Nature Customer Service Centre GmbH, Europaplatz 3, 69115 Heidelberg, Germany. If you have any concerns regarding our products, please contact ProductSafety@springernature.com

Printed and bound by CPI Group (UK) Ltd, Croydon, CR0 4YY
24/03/2026
02077755-0005